SPANISH POCKET PHRASEBOOK

WITH POCKET DICTIONARY

MAYAGLOT MEDIA

SPANISH POCKET PHRASEBOOK – WITH POCKET DICTIONARY

A Mayaglot Media book
ISBN: 9781697213973

Classification:
Education & Reference > Foreign Language Study > Spanish;
Education & Reference > Foreign Language Study > Multi-Language Phrasebooks

Contents

INTRODUCTION

The Spanish Pocket Phrasebook is a useful resource for individuals traveling in areas where Spanish is spoken or for anyone who wants to learn this language. Likewise, this phrasebook and bilingual dictionary are also designed to be useful to Spanish speakers seeking to travel, work or study in English-speaking countries.

SPANISH AROUND THE WORLD

With close to 500 million native speakers, Spanish (sometimes also referred to as Castilian) is the second most-spoken native language in the world (after Mandarain Chinese).

- Spanish is the official language in all of Central America (except Belize—a former Birtish colony), Cuba, Puerto Rico, Equatorial Guinea, the Dominican Republic, and South America (except Brazil, Guyana, French Guiana, Suriname and the Falkland Islands).

- Spanish is a first language for many people in the United States, especially in California, Arizona, New Mexico, Colorado, Texas, Florida (mostly South Florida) and elsewhere in the Southwest. There are around 50 million Spanish speakers (including native and second language speakers) in the U.S.

- Spanish is an official language in the African country of Equatorial Guinea and speakers can also be found in Western Sahara.

- A Spanish-based creole called Chavacano can be heard in Zamboanga and Cavite within the Philippines (a former colony of Spain). Spanish is spoken by some 'Filipinos' as well.

- Spanish is also spoken in northern Morocco and Andorra.

- There are Sephardic Jewish communities that speak an old dialect of Spanish commonly known as Ladino. Ladino is unique due to the fact that it does not incorporate Spanish words that originated from the New World because Sephardic Jews were banished from Spain before Columbus arrived in the Americas. Ladino's relationship with Spanish is similar to that of Yiddish's relationship with German.

BRIEF LANGUAGE NOTES

Many of the grammatical features of Spanish are shared with the other Romance languages which descended from Latin.

- The noun and adjective systems exhibit two genders and two numbers, in addition articles and some pronouns and determiners have a neuter gender in the singular form.

- There are about fifty conjugated forms per verb, with 3 tenses: past, present, and future; 2 aspects for past: perfective and imperfective; 4 moods: indicative, subjunctive, conditional, and imperative; 3 persons: first, second, and third; 2 numbers: singular, and plural; 3 verboid forms: infinitive, gerund, and past participle.

- The Spanish language uses prepositions (rather than postpositions or inflection of nouns for case), and usually places adjectives after nouns.

- The language is classified as a subject–verb–object language; however, as in most Romance languages, constituent order is highly variable and governed mainly by topicalization and focus rather than by syntax.

- Spanish is a "pro-drop" language—that is, it allows the deletion of subject pronouns when they are pragmatically unnecessary.

- Spanish can be described as a "verb-framed" language, meaning that the direction of motion is expressed in the verb while the mode of locomotion is expressed adverbially (e.g. subir corriendo or salir volando; the respective English equivalents of these examples—'to run up' and 'to fly out'—show that English is, by contrast, "satellite-framed", with mode of locomotion expressed in the verb and direction in an adverbial modifier).

- Lastly, subject/verb inversion is not required in questions, and thus the recognition of a declarative or an interrogative may depend entirely on intonation.

THE SPANISH ALPHABET

The Spanish alphabet, or 'abecedario' in Spanish, is composed of 27 letters. It includes one extra letter, the letter 'ñ', which we don't have in English. The majority of the letters in Spanish have their own special names and people use them all the time when spelling out words. Below you'll find all 27 letters of the Spanish alphabet and their names, along with an example word for each.

Letter	Spanish Name(s)	Example Word
A a	**a**	**armadillo** (*armadillo*)
B b	**be** or **be larga** or **be alta**	**biblioteca** (*library*)
C c	**ce**	**carcajada** (*loud laugh*)

Letter	Spanish Name(s)	Example Word
D d	**de**	**decidir** (*to decide*)
E e	**e**	**elefante** (*elephant*)
F f	**efe**	**falsificar** (*to forge*)
G g	**ge**	**gigante** (*giant*)
H h	**hache**	**hechizo** (*spell*)
I i	**i** or **i latina**	**iniciar** (*to begin*)
J j	**jota**	**jugar** (*to play*)
K k	**ka**	**kaki** (*khaki*)
L l	**ele**	**labial** (*lipstick*)
M m	**eme**	**mamá** (*mom*)
N n	**ene**	**nene** (*baby*)

Letter	Spanish Name(s)	Example Word
Ñ ñ	**eñe**	**ñoño** (*weakling*)
O o	**o**	**coco** (*coconut*)
P p	**pe**	**papá** (*dad*)
Q q	**cu**	**quiquiriquí** (*cock-a-doodle-doo*)
R r	**erre**	**ronronear** (*to purr*)
S s	**ese**	**sisear** (*to hiss*)
T t	**te**	**tetera** (*teapot*)
U u	**u**	**ulular** (*to hoot*)
V v	**uve** or **ve corta** or **ve chica** or **ve baja**	**vivir** (*to live*)
W w	**uve doble** or **doble uve** or **doble ve** or **doble u**	**wifi** (*Wi-Fi*)

Letter	Spanish Name(s)	Example Word
X x	**equis**	**sexto** (*sixth*)
Y y	**ye** or **i griega**	**yoyó** (*yoyo*)
Z z	**zeta**	**zarzamora** (*blackberry*)

SPANISH PRONUNCIATION

Spanish spelling has the pleasant characteristic of being very phonetic, with only a few clearly-defined exceptions. This means that if you know how to pronounce the letters of a word, it's relatively easy to sound out the word itself. Besides having a very small number of vowel sounds and a high predictability of exactly what sound is represented by each letter, Spanish has a very clear set of rules about where a stress normally falls, and exceptions are noted with an "acute accent mark" (" ´ ") over the vowel of the stressed syllable. Normally, words that end in a vowel, or in 'n' or 's', have the stress on the next-to-last syllable (e.g., muchacho = "mu-CHA-cho"); all other words without an explicit accent mark are stressed on the final syllable (hospital = "os-pee-TAL"). There are no secondary stresses within words.

SPANISH VOWELS

The vowels in Spanish are generally short crisp sounds. They are not dragged out like English vowels.

Vowel	Pronunciation
a	Like the 'a' in "father"

Vowel	Pronunciation
e	Like 'ay' in "pay" or 'ai' in "hail" when stressed; may take on more of a 'e' in "pet" sound when unstressed
i	like 'ee' in "see"
o	like 'o' in "stone"
u	like 'u' in "rule"
y	like 'ee' in "see". Very rarely used at the middle or ending of words

SPANISH CONSONANTS

Note: This list contains several consonants that were formerly included as separate letters in the Spanish alphabet (and Spanish dictionaries), but that are now generally not includedly separately.

Consonant	Pronunciation
B b	Like the 'b' in "bed" (but no aspiration) at the beginning of a word and after 'm': boca. A soft vibration sound almost like English 'v' elsewhere. See v below.
C c	Follows the same pronunciation pattern as in English. In most cases it is pronounced like 'k' in "kid": calle, doctor. When followed by 'e' or 'i', it is like 's' in "supper" (in the Americas, the Canaries and some parts of the Philippines) or 'th' in "thin" (Spain): cine (THEE-nay)

Consonant	Pronunciation
Ch ch	Like 'ch' in "touch": muchacho (Note: No longer treated as a separate letter in most renderings of the Spanish alphabet.)
D d	Like thee 'd' in "dog": de. In some dialects, a 'd' between two vowels is pronounced with a bit of softness, halfway between the normal 'd' and the 'th' in "the": pasado. You're usually fine just using the 'd' sound.
F f	Like the 'f' in "fine": faro
G g	When followed by 'e' or 'i', like a throaty 'h' (general = heh-neh-RAHL), otherwise like 'g' in "go" (gato). In the clusters "gue" and "gui", the 'u' serves only to change the sound of the consonant and is silent (guitarra), unless it bears a diaeresis, as in "güe" and "güi" (pedigüeño). In between vowels, it tends to be voiced and not guturral. - **gu, gü** When a 'gu' is followed by another vowel it is pronounced like the 'Gw' in Gwen (agua, cigüeña, Camagüey)
H h	Silent: hora= OR-ah. Pronounced like a softer 'j' in words of foreign origin.
J j	Like a throaty 'h' in "ha!": jamón;
K k	Like 'k' in "kid": kilo. The letter K is only used in foreign words (kárate, kilo, Kiev, etc.).

Consonant	Pronunciation
L l	Like 'l' in "love": lápiz
Ll ll	Like th 'y' in "year"; pronounced like a Zh as in 'Zhivago' only in Argentina, Uruguay, and Paraguay: llamar. In at least some parts of Costa Rica and Colombia, pronounced as the English "j" or "g," as in the words "ginger" or "ninja." Also pronounced like 'ly' as in the English word "million" in northern Spain and in the Philippines. (Note: No longer treated as a separate letter in most renderings of the Spanish alphabet.)
M m	Like the 'm' in "mother": mano
N n	Like the 'n' in "nice", and like 'n' in "anchor": noche, ancla
Ñ ñ	Like the 'ny' in "canyon": cañón, piñata
P p	Like the 'p' in "pig": perro
Q q	Like the 'q' in "quiche" (always with a silent "u"): queso, pronounced KAY-so

Consonant	Pronunciation
R r	Spanish has two 'r' sounds both of which are different from their counterpart in English. - **Single r**: This sound is created by putting the tip of the tongue up against where the front of the roof of the mouth meets the upper teeth, very similar to the action English speakers make to pronounce l or d. - **Rolled r**: Written "r" at the beginning of the word, or "rr" between vowels (cerro). It's a multiply vibrating sound, like a trill.
Rr rr	This carries the trilled sound of the rolled 'r'. (Note: No longer treated as a separate letter in most renderings of the Spanish alphabet.)
S s	Like 's' in "son": sopa; in Spain, it is often pronounced like a soft, palatalised "sh" at the end of a word or syllable.
T t	Like 't' in "top": tapa
V v	Like 'b' in "bed" (but no aspiration) at the beginning of a word and after 'm': vaca, pronounced BAH-kah. A soft vibration sound almost like English 'v' elsewhere. To distinguish v from b when spelling, one says "vay chica" or "bay grande" to indicate which; native Spanish speakers may not hear the difference between "vee" and "bee". But some Spanish speaking countries do say the 'v' as in "vine" with the teeth on the lower lip.

Consonant	Pronunciation
W w	Like 'w' in "weight" in English words, whisky, pronounced "WEESS-kee"). Like 'b' in "bed" in Germanic words.
X x	Like 'x' in "flexible" (flexible). Like 'ss' in "hiss" at beginning of a word (xilófono). Like a throaty 'h' in the words México, mexicano, Oaxaca, and oaxaqueño.
Y y	Like 'y' in "yes": payaso. Like 'y' in "boy": hoy. Pronounced like a Zh ONLY in Argentina, Uruguay, and Paraguay as in 'Zhivago', : yo no sé, pronounced "zhaw naw seh".
Z z	Like 's' in "supper" (Latin America), like 'th' in "thin" (Spain): zorro. See c above.

SPANISH DIPTHONGS

The Spanish language exhibits a variety of dipthongs. A diphthong, literally "double sound" or "double tone" (from Greek), also known as a gliding vowel, is a combination of two adjacent vowel sounds within the same syllable.

Dipthong	Pronunciation
ai, ay	like 'eye': baile (BAI-lay)
au	like 'ow' in "cow": causa (KOW-sah)

Dipthong	Pronunciation
ei, ey	like 'ay' in "say": reina, rey. (RAY-nah)
eu	like 'eh-oo': euro ("eh-OO-roh")
ia	like 'ee-ah': piano (pee-AH-noh)
ie	like 'ee-eh': pie (PEE-eh)
io	like 'ee-aw': dio (DEE-aw)
iu	like 'ew' in "few": ciudad (syoo-DAHD)
oi, oy	like 'oy' in "boy": soy (soy)
ua	like 'wa' in "wash": cuatro (KWAH-traw)
ue	like 'we' in "well": puedo (PWAY-daw)
ui, uy	like 'ooey' in "phooey": ruido (ROOEE-doh)
ou	like "wo" in "won't": averiguo (ah-beh-REE-gwaw)

ACCENTS AND STRESS

Word stress can affect the meaning of the word and generally follows these rules:

- If a word is marked with an accent, then that syllable receives the stress.

- If the accent marks a diphthong a syllable break occurs between the two vowels of the diphthong.
- If a word is NOT marked with an accent, then…
    - …if the word ends in a consonant other than N or S, the stress occurs on the last syllable.
    - …if the word ends in a vowel, N or S, the stress occurs on the next to last syllable.
- In Spain (Except in some parts of Andalusia, and in the Canary Islands) a English ci/ce or z sound makes a English "TH". In Latin America, it makes the "S" sound.

Examples: (1st pronunciation: Spain; 2nd pronunciation: Latin America; when there is only one, it's universal)

- círculo (THEER-koo-loh/SEER-koo-loh) → circle
- circulo (theer-KOO-loh/seer-KOO-loh) → I circulate
- circuló (theer-koo-LOH/seer-koo-LOH) → he/she/it circulated
- estás (ehs-TAHS) → you are
- estas (EHS-tahs) → these
- origen (oh-REE-hehn) → origin
- orígenes (oh-REE-hehn-ehs) → origins
- ciudad (thee-yoo-DAHD/see-yoo-DAHD) → city
- ciudades (thee-you-DAH-dehs/see-yoo-DAH-dehs) → cities

An accent mark can also be used to differentiate between words that are pronounced the same but have different meanings:

- él (he) el (the)
- té (tea) te (you) (ex: I can't see you)
- tú (you) (ex: you want to go there) tu (your)
- mí (me) mi(my)
- dé (I give or he/she/it give; but in present of subjunctive) de (of)
- sí (yes) si (if)
- se (a reflexive pronoun) sé (I know or 'be' imperative of the verb "to be", spoken to the second person of singular)
- más (more/plus) mas (but)

1,001 Spanish Phrases

ARGENTINA
BOLIVIA
CHILE
COLOMBIA
COSTA RICA
CUBA
DOMINICAN REPUBLIC
ECUADOR
EL SALVADOR
GUATEMALA
HONDURAS
MEXICO
NICARAGUA
PANAMA
PARAGUAY
PERU
PUERTO RICO*
SPAIN
URUGUAY
VENEZUELA
UNITED STATES

Greetings & Introductions

General Greetings

Buenas noches. [BWEH-nahs NOH-chehs] Good evening; Good night.
Buenas tardes. [BWEH-nahs TAR-dehs] Good afternoon.
Buenos días. [BWEH-nohs DEE-ahs] Good morning.

Formal Greetings

Bienvenidos. [byen-ven-EE-does] Welcome.
¿Cómo está usted? [KOH-moh ehs-TAH oos-TEHD?] How are you? (singular).
¿Cómo están ustedes? [KOH-moh ehs-TAHN oos-TEHD-ehs?] How are you? (plural).

Informal Greetings

¿Como te va la vida? [COE-moe tay vah la VEE-dah?] How's life?
¿Como van las cosas? [COE-moe vahn las KOH-sas?] How's life?
¿Cómo estás? [KOH-moh ehs-TAHS?] How are you?
Hola. [OH-lah] Hello; Hi.
¿Qué pasa? [kay PAH-sah?] What's up?
¿Qué tal estás? [KAY-tall ehs-TAHS?] How are you?
¿Qué tal? [KAY-tall?] How are you?
Saludos. [sal-OO-dohs] Greetings.

Introductions

¿Cómo se llama usted? [KOH-moh SAY YAH-mah oos-TEHD?] What is your name? (formal).
¿Cómo te llamas? [KOH-moh TAY YAH-mahs?] What is your name? (informal).
¿De dónde eres? [day DOHN-deh EHR-ays?] Where are you from?
¿De dónde es Usted? [day DOHN-deh ess oos-TEHD?] Where are you from?
¿Quién eres? [KYEN EH-rehs?] Who are you? (informal).
¿Quién es usted? [KYEN ehs oos-TEHD?] Who are you? (formal).

Replies

¿Bien, y usted? [byehn, ee oo-STEDH?] Fine, and you?
Encantado/a. [ehn-kahn-TAH-doh/ehn-kahn-TAH-dah] Nice to meet you.
Lo mismo de siempre. [low MEESE-moh day SYEM-pray] Same as usual.
Me llamo ... [MEH YAH-moh ...] My name is ...
Mucho gusto. [MOO-choh GOOS-toh] It's a pleasure to meet you.
Muy bien, gracias. [MOO-ee byehn, GRAH-syahs] Fine, thank you.
Soy de ... [soy day] I am from...
Soy profesor/a. [soy pro-feh-SOHR/ah] I am a teacher.
Soy... [soy] I am...

Goodbyes

Adiós. [ah-dee-OHS] Goodbye; Farewell.
Hasta la vista. [AHS-tah lah VEE-stah] Goodbye; See you later; Until next time.

Hasta luego. [AHS-ta loo-AY-go] Goodbye; See you later; Bye; Take care.

Hasta mañana. [AHS-ta mah-NYAH-nah] Goodbye; See you tomorrow; Until tomorrow.

Nos vemos. [nohs VAY-mohs] Cheers; Goodbye; See you later.

Que le vaya bien. [keh lay VAI-ah byen] Take care.

Que pase un buen día. [keh PAH-seh un BWEHN DEE-ah] Have a good day.

Beginning Conversation

Common Questions

¿Cómo se dice...? [KOH-moh SAY DEE-say?] How do you say...?

¿De veras? [day VEHR-ahs?] Really?

¿Entiende? [ehn-tee-EN-day?] Do you understand?

¿Está listo/a? [ehs-TAH LEES-toh?] Are you ready?

¿Habla usted inglés? [AH-blah oos-TEHD een-GLEHS?] Do you speak English? (formal).

¿Habla usted ... ? [AH-blah oos-TEHD ... ?] Do you speak....? (polite).

¿Hablas inglés? [AH-blahs een-GLEHS?] Do you speak English? (informal).

¿Hablas ... ? [AH-blas ... ?] Do you speak....? (informal).

¿Hay alguien que hable inglés? [I ahl-GYEHN keh AH-bleh een-GLEHS?] Is there someone here who speaks English?

¿Podría usted hablar más despacio por favor? [poh-DREE-ah oos-TEHD ah-BLAHR MAHS dehs-PAH-thyoh pohr fah-BOHR?] Could you speak more slowly please?

¿Podría usted repetirlo por favor? [poh-DREE-ah oos-TEHD reh-peh-TEER-loh pohr fah-BOHR?] Could you repeat it please?
¿Puede hablar más despacio? [PWEH-dah ah-BLAHR mas dess-PAH-see-oh?] Can you speak more slowly?
¿Puede repetirlo? [PWEH-deh reh-pay-TEER-low?] Can you repeat that?
¿Qué es esto? [kay ess ESS-toe?] What is this?

Common Answers

Entiendo. [en-tee-EN-doh] I understand.
Escuche. [ehs-KOO-chay] Listen.
Espero que no. [ehs-PEHR-oh kay noh] I hope not.
Espero que sí. [ehs-PEHR-oh kay SEE] I hope so.
Está bien. [ehs-TAH byehn] It's okay.
Hablo un poco de español. [AH-bloh oon POH-koh deh ehs-pah-NYOHL] I speak a little Spanish.
Hablo ... [AH-blow] I speak ...
Me llamo (Dave). [may YAH-moh (Dave)] My name is (Dave).
No comprendo. [NOH kohm-PREHN-doe] I don't understand.
No entiendo. [NOH ehn-TYEHN-doh] I don't understand.
No es importante. [noh ehs eem-por-TAHN-tay] It's not important.
No hablo español. [noh AH-bloh ehs-pah-NYOHL] I can't speak Spanish.
No lo sé. [noh lo SAY] I don't know.
No tengo ni idea. [noh TANE-go ee-DAY-ah] I have no idea.
Se me olvidó. [say may ohl-vee-DOH] I forgot.

Common Courtesy

Adiós. [ah-DYOHS] Goodbye.

¡Buena suerte! [BWAYN-ah SWEHR-tay!] Good luck!
Con permiso. [cone pehr-MEE-soh] Excuse me (when moving in a crowd).
De nada. [DAY NAH-dah] Think nothing of it; You're welcome; Don't mention it.
Disculpe. [dees-KOOL-peh] Excuse me (getting attention).
Enhorabuena. Congratulations. [Spain].
Felicidades. Congratulations. [Latin America].
Gracias por su ayuda. Thanks for your help. [polite].
Gracias por tu ayuda. Thanks for your help. [familiar].
Gracias un montón. Thanks a lot.
Gracias. [GRAH-syahs] Thank you.
Hasta luego. [AHS-tah LWEH-goh] Goodbye.
Lo siento. [LOH SYEHN-toh] I'm sorry.
Muchas gracias. [MOO-chas GRA-see-ahs] Thank you very much.
Muchísimas gracias. [moo-CHEE-see-mahs GRA-see-ahs] Thank you very very much.
No gracias. [noh GRAH-see-ahs] No thank you.
No pasa nada. [noh pah-sah NA-dah] It's OK; Don't worry about it .
No. [NOH] No.
Perdone. [pehr-DOHN-eh] Excuse me (begging pardon).
Perdón. [pehr-DOHN] Pardon me.
Por favor. [POHR fah-BOHR] Please.
Sí. [SEE] Yes.

Expressing Feelings

Estoy de buen humor. [ehs-TOY day bwayhn oo-MORE] I'm in a good mood.
Estoy de mal humor. [ehs-TOY day mall oo-MORE] I'm in a bad mood.

Estoy preocupado/a. [ehs-TOY pray-oh-koo-PAHD-oh/ah] I'm worried.
Me aburrí. [may ah-boo-RHEE] I'm bored.
Me gusta eso. [may GOO-stah ESS-oh] I like that.
No me gusta eso. [no may GOO-stah ESS-oh] I don't like that.
Te extraño. [tay ess-TRAHN-nyo] I miss you.

Getting Around

Asking Directions

¿Cómo puedo llegar a … ? [KOH-moh PWEH-doh yeh-GAHR ah … ?] How do I get to … ?
¿Dónde está el baño? [DOHN-deh ehss-TAH EHL BAH-nyoh?] Where is the toilet? [Latin America].
¿Dónde están los aseos? [DOHN-deh ehs-TAHN lohs ah-SEH-ohs] Where is the toilet? [Spain].
¿Dónde hay muchos ... ? [DOHN-deh eye MOO-chohs] Where are there a lot of … ?
¿Puede enseñarme en el mapa? [PWEH-deh ehn-seh-NYAHR-meh ehn ehl MAH-pah?] Can you show me on the map?
¿Puede mostrarme en el mapa? [PWEH-deh /mohs-TRAHR-meh ehn ehl MAH-pah?] Can you show me on the map?

Bus and Train

¿A donde va este autobús? [ah DOHN-deh bah EHS-teh ow-toh-BOOS?] Where does this bus go?
¿A donde va este tren? [ah DOHN-deh bah EHS-teh trehn?] Where does this train go?

¿Cuándo llegará este autobús a ... ? [KWAHN-doh yeh-gah-RAH EHS-teh ow-toh-BOOS ah ... ?] When will this bus arrive in ... ?

¿Cuándo llegará este tren a ... ? [KWAHN-doh yeh-gah-RAH EHS-teh trehn ah ... ?] When will this train arrive in ... ?

¿Cuándo sale el autobús para... ? [KWAHN-doh SAH-leh ehl trehn PAH-rah ... ?] When does the bus for ... leave?

¿Cuándo sale el tren para ... ? [KWAHN-doh AH-seh ehl trehn PAH-rah ... ?] When does the train for ... leave?

¿Cuánto cuesta un billete a ... ? [KWAHN-toh KWEHS-tah oon beeh-YEH-the ah ...] How much is a ticket to ... ? [Spain].

¿Cuánto cuesta un boleto a ... ? [KWAHN-toh KWEHS-tah oon boe-LAY-toe ah ...] How much is a ticket to ... ? [Mexico].

¿Cuánto cuesta un pasaje a ... ? [KWAHN-toh KWEHS-tah oon pah-SAH-heh ah ...] How much is a ticket to ... ? [Latin America].

¿Donde está el autobús hacia ... ? [DOHN-deh ehs-TAH ehl ow-toh-BOOS ah-syah ... ?] Where is the bus to ... ?

¿Donde está el tren hacia ... ? [DOHN-deh ehs-TAH ehl trehn ah-syah ... ?] Where is the train to ... ?

¿Se para este autobús en ... ? [seh PAH-rah EHS-teh ow-toh-BOOS ehn ... ?] Does this bus stop in... ?

¿Se para este tren en ... ? [seh PAH-rah EHS-teh trehn ehn ... ?] Does this train stop in... ?

Un pasaje a ... , por favor. [oon pah-SAH-heh ah ... , pohr fah-BOHR.] One ticket to ... , please.

Cardinal Directions

este [EHS-teh] east.

norte [NOHR-teh] north.

oeste [ooh-EHS-teh] west.
sur [soor] south.

Common Street Signs

ALTO [AHL-toh)] STOP (on a street sign). [México].
APARCAMIENTO / ESTACIONAMIENTO [ah-pahr-kah-MYEHN-toh/ ehs-tah-syoh-nah-MYEHN-toh] PARKING.
CEDA EL PASO [SEH-dah el PAHS-oh] GIVE WAY/YIELD.
DESPACIO [dehs-PAH-syoh] SLOW.
DESVÍO [dehs-BYOH] DIVERSION/DETOUR.
NO APARCAR / ESTACIONAR [noh ah-pahr-KAHR-oh/ ehs-tah-syoh-NAR] NO PARKING.
PARE [PAH-reh)] STOP (on a street sign). [Chile, Argentina, Perú, Colombia, Puerto Rico].
PELIGRO [peh-LEE-groh] DANGER.
¡PRECAUCIÓN!/¡ATENCIÓN! [pray-caw-SHYON/ah-ten-SHYON] CAUTION/ATTENION.
PROHIBIDO EL PASO [pro-ee-BEE-doh el PAHS-oh] NO ENTRANCE.
SENTIDO ÚNICO [sehn-TEE-doh OO-nee-koh] ONE WAY.
SIN SALIDA [seen sah-LEE-dah] DEAD END.
STOP [stohp] STOP (on a street sign). [Spain].

Driving

calle [kai-yay] street.
dirección única [dee-rehk-SYOHN OO-nee-kah] one way.
gasolina [gah-soh-LEE-nah] gas/petrol.
gasolinera [gah-soh-lee-NEH-rah] gas/petrol station.
gasóleo [gah-SOH-leh-oh] diesel.

límite de velocidad [LEE-mee-teh deh beh-loh-see-DAHD] speed limit.
no aparcar [noh ah-pahr-KAHR] no parking.
¿Puedo contratar un seguro? [PWEH-do cone-trah-TAHR uhn say-GOO-roe] Can I get insurance?
Quiero alquilar un carro. [KYEH-roh ahl-kee-LAHR oon KOH-cheh/KAHR-roh] I want to rent a car.

Gas Station

¿Cuánta gasolina le pongo? [KWAHN-ta gas-oh-LEE-nah lay POHN-go] How much gas do you want?
¿Dónde está la gasolinera? [DOHN-day ehs-TAH la gah-so-lee-NEHR-ah] Where is a gas station?
Llénelo. [YAY-neh-low] Fill it up.
Necesito aceite para el motor. [nay-say-SEE-toe ah-SAY-tay pahr-ah ell moe-TOHR] I need some motor oil.
¿Va a gasolina o diesel? [bah ah gah-so-LEE-nah oh DEE-sell] Does it take gasoline or diesel?

Giving Directions

antes de ... [AHN-tehs deh] before the .
busque el/la ... [BOOS-keh ehl/lah] Watch for the ... .
derecha [deh-REH-chah] right.
Gire/doble/da vuelta a la derecha. [HEE-reh/DOH-bleh/dah VWEHL-tah ah lah deh-REH-chah] Turn right.
Gire/doble/da vuelta a la izquierda. [HEE-reh/DOH-bleh/dah VWEHL-tah ah lah ees-KYEHR-dah] Turn left.
hacia abajo [AH-syah ah-BAH-hoh] downhill.
hacia arriba [AH-syah ahr-REE-bah] uphill.
hacia el/la ... [HAH-syah ehl/lah] towards the .
intersección , cruce [een-tehr-sehk-SYOHN, KROO-seh] junction/crossroads/intersection.
izquierda [ees-KYEHR-dah] left.
pasado el/la ... [pah-SAH-doh ehl/lah] past the .

siga derecho [SEE-gah deh-REH-choh]
todo recto [TOH-doh REHK-toh] straight ahead.

Transportation

auto [OW-toh] car.
autobús [ow-toh-BOOS] bus.
avión [ah-BYOHN] airplane/plane/aeroplane.
barco [BAHR-koh] ship.
bicicleta [bee-see-KLEH-tah] bicycle.
bote [BOH-teh] boat.
camión [kah-MYOHN] truck/lorry.
carro [KAHR-roh] car. [Spain].
coche [KOH-cheh] car. [Latin America].
combi [KOHM-bee] van.
furgoneta [foor-goh-NEH-tah] van. [Spain].
helicóptero [eh-lee-KOHP-teh-roh] helicopter.
metro [MEH-troh] subway/underground/metro.
motocicleta [moh-toh-see-KLEH-tah] motorcycle.
transbordador [trahns-bohr-dah-DOHR] ferry.
tranvía [trahns-BYAH] tram.
tren [trehn] train.
trole [TROH-leh] trolley-bus.
trolebús [troh-leh-BOOS] trolley-bus.

Taxi

¿Cuánto cuesta ir a ... ? [KWAHN-toh KWEHS-tah eer ah] How much does it cost to get to ... ?
Déjeme ahí, por favor. [DEH-heh-meh ah-EE, pohr FAH-bohr] Leave me there, please.
Lléveme a ... , por favor. [YEH-beh-meh ah] Take me to ... , please.
¡Taxi! [TAHK-see] Taxi!

Points of Interest

bares [BAH-rehs] bars.
el aeropuerto [ehl ah-eh-roh-PWEHR-toh] the airport.
el centro [ahl SEHN-troh] downtown.
el consulado [ehl kohn-soo-LAH-doh] the embassy.
el hostal [ahl ohs-TAHL] the youth hostel.
el hotel [ahl oh-TEHL] the hotel.
hoteles [oh-TEH-lehs] hotels.
la estación de autobuses [lah ehs-tah-SYOHN deh ow-toh-BOO-sehs] the bus station.
la estación de tren [lah ehs-tah-SYOHN deh trehn] the train station.
restaurantes [rehs-tow-RAHN-tehs] restaurants.
sitios para visitar [SEE-tyohs PAH-rah bee-see-TAHR] sites to visit.

Common Signs

Abierto [ah-bee-AIR-toh] Open.
Aseos [ah-SEH-aws] Bathroom; Toilet.
Caballeros [kah-bah-YEHR-ohs] Gentlemen.
Cerrado [sehr-RAH-doh] Closed.
Damas [DAH-mas] Ladies.
Empujar [ehm-POO-har] Push.
Entrada [ehn-TRAH-dah] Entrance.
Hombres [OHM-brays] Men.
Jalar [HAH-lar] Pull.
Mujeres [moo-HEH-rehs] Women.
No fumar [noh foo-MAHR] No Smoking.
Prohibido [pro-hee-BEE-doh] Keep Out.
Salida [sah-LEE-dah] Exit; Way Out.
Servicios [sehr-BEE-see-yohs] Bathroom; Toilet.
Tirar [TEE-rar] Pull.

Food & Eating

At the Table

¡Coma usted! [KOE-mah oo-STEHD] Eat!
Me llené. [may yay-NAY] I'm full.
No hay más. [no ay mahs] There is no more.
Sírvase. [SEER-vah-say] Help yourself.
Todavía hay. [toe-dah-VEE-ah ay] There's more.
Un poquito más. [oon poe-KEE-toe mahs] A little more.

Restaurant

a la carta [ah lah KAHR-tah] à la carte.
¡Camarero! [kah-mah-REH-roh] Excuse me, waiter? (getting attention of server). [Spain].
comida precio fijo [koh-MEE-dah preh-see-oh FEE-ho] fixed-price meal.
Estaba delicioso/muy bueno/muy rico. [ehs-TAH-bah deh-lee-SYOH-soh/MOO-ee BWEH-noh/MOO-ee REE-koh] It was delicious.
¿Hay alguna especialidad de la casa? [ay ahl-GOO-nah ehs-peh-syah-lee-DAHD deh lah KAH-sah?] Is there a house specialty?
¿Hay alguna especialidad regional/de la zona? [ay ahl-GOO-nah ehs-peh-syah-lee-DAHD reh-hyoh-NAHL/deh lah SOH-nah?] Is there a local specialty?
He acabado; Terminé. [heh ah-kah-BAH-doh; tehr-mee-NEH] I'm finished.
La cuenta, por favor. [lah KWEHN-tah, pohr fah-BOHR] The check, please.
¿Me puede dar un poco de ... ? [meh PWEH-deh dahr oon POH-koh deh?] May I have some ... ?

¿Me puede traer un vaso de ... ? [meh PWEH-dehtrah-EHR oon BAH-soh deh?] May I have a glass of ... ?

¿Me puede traer una botella de ... ? [meh PWEH-deh trah-EHR OO-nah boh-TEH-yah deh?] May I have a bottle of ... ?

¿Me puede traer una taza de ... ? [meh PWEH-deh trah-EHR OO-nah TAH-sah deh?] May I have a cup of ... ?

¡Mesero! [meh-SEH-roh] Excuse me, waiter? (getting attention of server). [Latin America].

¡Mozo! [MOH-zoh] Excuse me, waiter? (getting attention of server). [Argentina].

No como cerdo. [noh KOH-moh SEHR-doh] I don't eat pork.

No quiero más. I don't want any more.

Puede llevarse los platos. [PWEH-deh yeh-BAHR-seh lohs PLAH-tohs] Please clear the plates.

¿Puede poner poca grasa? [PWEH-deh poh-NEHR POH-koh GRAH-sah?] Can you make it "lite", please? (less fat).

¿Puedo entrar a la cocina? [PWEH-doh ehn-TRAHR ah lah koh-SEE-nah?] Can I look in the kitchen?

¿Puedo ver el menú, por favor? [PWEH-doh behr ehl meh-NOO pohr fah-BOHR?] Can I look at the menu, please?

Quiero más. [kee-EHR-oh mahs] I want more.

Quisiera pedir .... [key-see-EHR-aha pay-DEER] I would like to order ...

Quisiera un plato que lleve .... [kee-SYEH-rah oon PLAH-toh keh YEH-beh] I want a dish containing ...

Solo un poquito. [SOH-low uhn poh-KEE-toh] Just a little.

Soy vegetariano/a. [soy beh-heh-tah-RYAH-noh/-nah] I'm a vegetarian.

Sólo como comida kosher. [SOH-loh KOH-moh koh-MEE-dah koh-SHEHR] I only eat kosher food.
Una mesa para dos personas, por favor. [OO-nah MEH-sah pah-rah dohs pehr-SOH-nahs, pohr fah-BOHR] A table for two people please.
Una mesa para una persona, por favor. [OO-nah MEH-sah pah-rah OO-nah pehr-SOH-nah, pohr fah-BOHR] A table for one person, please.

Meals

almuerzo [ahl-MWEHR-soh] lunch.
bocado [boh-KAH-doh] snack.
cena [SEH-nah] dinner or supper.
comida [koh-MEE-dah] meal.
desayuno [deh-sah-YOO-noh] breakfast.

Beverages

agua [AH-gwah] water.
agua con gas [AH-gwah kohn gahs] (bubbly) water.
agua mineral [AH-gwah mee-neh-RAHL] (bottled mineral) water.
café [kah-FEH] coffee.
cerveza [sehr-VAY-sah] beer.
jugo [HOO-goh] juice. [South America].
té [TEH] tea (drink).
vino tinto/blanco [BEE-noh TEEN-toh/BLAHN-koh] red/white wine.
zumo [THOO-mo] juice. [Spain].

Bar Drinks

Coca-Cola [KOH-kah-KOH-lah] Coke (soda).
jugo de naranja [thoo-moh deh NAH-rahn-hah] orange juice.

ron [rawn] rum.
tónica [AH-gwah TOH-nee-khah] tonic water.
Un schop [oon SHOHP] A glass of draft beer (Chile and Argentina). [Note: in Chile or Argentina un schop might be anywhere from 300mL to one liter].
Un vaso de vino tinto/blanco [oon BAH-soh deh BEE-noh TEEN-toh/BLAHN-koh] A glass of red/white wine.
Una botella [OO-nah boh-TEH-yah] A bottle.
Una cerveza de barril [OO-nah sehr-BEH-sah deh bahr-REEL] A glass of draft beer. [Mexico].
Una jarra de cerveza [oonah hahra day sehr-VAY-sah] A pint/half a liter of beer. [Note: in Spain the most common is una caña which is 200mL in a tube glass; you can also ask for un botellín 330mL bottle].
vodka [BOHD-kah] vodka.
whisky [WEES-kee] whiskey.

Eating Utensils

copa [KOH-pah] drinking glass.
cuchara [koo-CHAH-rah] spoon.
cuchillo [koo-CHEE-yoh] knife.
platillo [plah-TEE-yoh] saucer.
plato [PLAH-toh] plate.
servilleta [sehr-bee-YEH-tah] napkin/serviette.
taza [TAH-sah] cup.
tazón [tah-SOHN] bowl.
tenedor [teh-NEH-dohr] fork.
vaso [BAH-soh] drinking glass.

Foods

arroz [ahr-ROHS] rice.
ensalada [ehn-sah-LAH-dah] salad.
fideos [FEE-deh-ohs] noodles.

frijoles [free-HOH-lehs] beans. [Mexico, Central America].
fruta fresca [FROO-tah FREHS-kah] (fresh) fruit.
habichuelas [ah-bee-CHWEH-lahs] beans. [Spain].
huevos [oo-WEH-bohs] eggs.
jamón [hah-MOHN] ham.
manteca [mahn-TEH-kah] butter. [Argentina].
mantequilla [mahn-teh-KEE-yah] butter.
pan [pahn] bread.
pescado [pehs-KAH-doh] fish.
pimienta [pee-MYEHN-tah] black pepper.
pollo [POH-yoh] chicken.
porotos [pohr-OH-tohs)] beans. [South America].
queso [KEH-soh] cheese.
sal [sahl] salt.
salchicha [sahl-CHEE-chah] sausage.
ternera [tehr-NEH-rah] beef.
tostada [tohs-TAH-dah] toast.
verduras frescas [behr-DOO-rahs FREHS-kahs] (fresh) vegetables.

Hotels & Bars

Bars/Clubs

¿A qué hora usted cierra? [ah KEH OH-rah oos-TEHD SYEHR-rah?] What time do you close?
barra; bar [BAHR-rah; BAHR] bar.
club [kloob] club.
¿Cuándo cierran? [KWAHN-doh SYEHR-rahn] When is closing time?
¿Hay servicio a la mesa? [eye sehr-BEE-syoh ah lah MEH-sah?] Is there table service?

Otra ronda, por favor. [OH-trah ROHN-dah, pohr FAH-bohr] Another round, please.
Otro/a … , por favor. [OH-troh/ah pohr-FAH-bohr] One more, please.
¿Podríamos bailar aquí? [poh-DREE-ah-mohs BAI-lahr ah-KEE?] Can we dance here?
¡Salúd! [sah-LOOD] Cheers!
¿Sirve usted alcohol? [SEER-beh oos-TEHD ahl-koh-OHL?] Do you serve alcohol?
taberna [tah-BEHR-nah] tavern/pub.
¿Tiene algo para picar? [TYEH-neh AHL-goh PAH-rah pee-KARH] Do you have any bar snacks? [Note: In Spain they will often give you tapas (TAH-pahs)(south) or pinxos (PIN-chos)(northeast)--it depends a lot on the bar].
¡Un brindis! [oon BREEN-dis] A toast.
Una cerveza/dos cervezas, por favor. [OO-nah sehr-BEH-sah/dohs sehr-BEH-sahs, pohr FAH-bohr] A beer/two beers, please.

Lodging

¿A qué hora es el desayuno/la cena? [ah KEH OH-rah ehs ehl deh-sah-YOO-noh/lah SEH-nah?] What time is breakfast/supper?
¿Cuánto cuesta una habitación para dos personas? [KWAHN-toh KWEHS-tah OO-nah ah-bee-tah-SYOHN PAH-rah dohs pehr-SOH-nahs?]
¿Cuánto cuesta una habitación para una persona? [KWAHN-toh KWEHS-tah OO-nah ah-bee-tah-SYOHN PAH-rah OO-nah pehr-SOH-nah?] How much does a room cost for one person/two people?
¿El desayuno/la cena va incluido/a? [ehl deh-sah-YOO-noh/lah SEH-nah bah een-kloo-WEE-doh/ah?] Is breakfast/supper included?

¿Hay caja fuerte? [eye KAH-hah FWEHR-teh?] Do you have a safe?

¿Hay habitaciones disponibles? [eye abb-ee-tah-see-OH-nays diss-pone-EE-blays?] Are there rooms available?

¿Hay habitaciones libres? [ai ah-bee-tah-SYOH-nehs LI-brehs?] Do you have any rooms available?

¿Hay un hotel por aquí? [eye oon oh-TELL pore ah-KEE?] Is there a hotel around here?

¿La habitación viene con....? [lah ah-bee-tah-SYOHN BYEH-neh kohn?] Does the room come with...?

Me quedaré [number] noches. [meh keh-dah-REH [number] NOH-chehs] I will stay for night(s).

Muy bien, la tomaré. [MOO-ee byehn, lah toh-mah-REH] OK, I'll take it.

Necesito una habitación. [nay-say-SEE-toe OON-ah abb-ee-tah-SEE-ohn] I need a room.

Por favor, limpie mi habitación. [pohr fah-BOHR, LEEM-pyeh mee ah-bee-tah-SYOHN] Please clean my room.

¿Puede despertarme a las [hour]? [PWEH-deh dehs-pehr-TAHR-meh ah lahs [hour]] Can you wake me at [hour]?

¿Puede recomendarme otros hoteles? [PWEH-deh reh-koh-mehn-DAHR-meh OH-trohs oh-TEH-lehs?] Can you suggest other hotels?

¿Puedo ver la habitación primero? [PWEH-doh vehr lah ah-bee-tah-SYOHN pree-MEH-roh?] May I see the room first?

Quiero dejar el hotel. [KYEH-roh deh-HAHR ehl oh-TEHL] I want to check out.

¿Tiene algo más tranquilo? [TYEH-neh AHL-goh MAHS trahn-KEE-loh?] Do you have anything quieter?

Hotel Rooms

con acceso al internet [kohn ahk-SEH-soh ahl een-terh-NEHT?] with Internet access.
con servicio a la habitación [kohn sehr-BEE-syoh ah lah ah-bee-tah-SYOHN?] with room service.
más barato [MAHS bah-RAH-toh] cheaper.
más grande [MAHS GRAHN-deh] bigger.
más limpio [MAHS LEEM-pyoh] cleaner.
sábanas [SAH-bah-nahs?] bedsheets.
un baño [oon BAH-nyoh?] a bathroom.
un televisor [oon teh-leh-vee-SOHR?] a TV.
un teléfono [oon teh-LEH-foh-noh?] a telephone.
una cama de matrimonio [OO-nah KAH-mah mah-tree-MOH-nyoh?] a double bed.
una cama sola [OO-nah KAH-mah SOH-lah?] a single bed.

Money & Commerce

Shopping

¿Aceptan dólares Americanos? [ah-SEHP-tahn DOH-lah-rehs ah-meh-ree-KAH-nohs?] Would you take American dollars?
¿Aceptan Visa? [ah-SEHP-tahn BEE-sah?] Would you take Visa?
barato [bah-RAH-toh] cheap.
caro [KAH-roh] expensive.
¿Cuánto cuesta? [KWAHN-toh KWEHS-tah?] How much is this?
¿Cuánto vale? [KWAHN-toh BAHL-lay?] How much does it cost?
De acuerdo, me lo llevaré. [deh ah-KWEHR-doh, meh loh yeh-bah-REH] OK, I'll take it.

Es demasiado caro. [ehs deh-mah-MYAH-doh KAH-roh] That's too expensive.

Es muy caro para mí. [ehs MOO-ee KAH-roh PAH-rah mee] I can't afford it.

Me está engañando. [meh ehs-TAH ehn-gah-NYAHN-doh] You're cheating me.

No lo quiero. [noh loh KYEH-roh] I don't want it.

No me interesa. [noh meh een-teh-REH-sah] I'm not interested.

¿Puede enviarlo a mi país? [PWEH-dah ehn-BYAHR-loh ah mee pah-EES?] Can you ship it to my country?

¿Tiene esto en mi talla? [TYEH-neh EHS-toh ehn mee TAH-yah?] Do you have this in my size?

¿Tiene una bolsa? [TYEH-neh OO-nah BOHL-sah] Can I have a bag?

Money

¿A cuánto está el cambio? [ah KWAHN-toh ehs-TAH ehl KAHM-byoh?] What is the exchange rate?

¿Aceptan dólares estadounidenses/australianos/canadienses? [ah-SEHP-tahn DOH-lah-rehs ehs-tah-dow-oo-nee-DEHN-sehs/ows-trah-LYAH-nohs/kah-nah-DYEHN-sehs?] Do you accept American/Australian/Canadian dollars?

¿Aceptan euros? [ah-SEHP-tahn eh-OO-rohs?] Do you accept euros?

¿Aceptan libras esterlinas británicas? [ah-SEHP-tahn LEE-brahs ehs-tehr-LEE-nahs bree-TAH-nee-kahs?] Do you accept British pounds?

¿Aceptan tarjetas de crédito? [ah-SEHP-tahn tahr-HEH-tahs deh KREH-dee-toh?] Do you accept credit cards?

¿Dónde hay un cajero automático? [DOHN-deh eye kah-HEH-roh ow-toh-MAH-tee-koh?] Where is an automatic teller machine (ATM)?

¿Dónde me pueden cambiar cheques de viaje? [DOHN-deh meh PWEH-dehn kahm-BYAHR CHEH-kehs deh BYAH-heh?] Where can I get a traveler's check changed?

¿Dónde puedo cambiar dinero? [DOHN-deh PWEH-doh kahm-BYAHR dee-NEH-roh?] Where can I get money changed?

¿Me puede cambiar cheques de viaje? [meh PWEH-deh kahm-BYAHR CHEH-kehs deh BYAH-heh?] Can you change a traveler's check for me?

¿Me puede cambiar dinero? [meh PWEH-deh kahm-BYAHR dee-NEH-roh?] Can you change money for me?

Necesito billetes grandes. [neh-seh-SEE-toh bee-YEH-tehs GRAHN-dehs] I need big bills.

Necesito cambio pequeño. [neh-seh-SEE-toh KAHM-byoh peh-KEH-nyoh] I need small change.

Necesito monedas. [neh-seh-SEE-toh moh-NEH-dahs] I need coins.

Sundries

analgésico [ah-nahl-HEH-see-koh] pain reliever.

aspirina [ahs-pee-REE-nah] aspirin.

champú [chahm-POO] shampoo.

crema solar [KREH-mah soh-LARH] sunblock lotion.

estampillas [ehs-tahm-PEE-yahs] postage stamps. [Latin América].

Ibuprofeno [ee-boo-proh-FEH-noh] ibuprofen.

jabón [hah-BOHN] soap.

libros en inglés [LEE-brohs ehn een-GLEHS] English-language books.

medicamento para el dolor de estómago [meh-dee-kah-MEHN-toh PAH-rah ehl doh-LOHR deh ehs-TOH-mah-goh] stomach medicine.

medicamento para el resfriado [meh-dee-kah-MEHN-toh PAH-rah ehl rehs-FRYAH-doh] cold medicine.

papel para escribir [pah-PEHL PAH-rah ehs-kree-BEER] writing paper.
pasta de dientes [PAHS-tah deh DYEHN-tehs] toothpaste.
pilas/baterías [PEE-lahs/bah-teh-REE-ahs] batteries.
preservativos/condones [preh-sehr-bah-TEE-bohs/kohn-DOH-nehs] condoms.
revistas en inglés [reh-VEES-tahs ehn een-GLEHS] English-language magazines.
sellos [SEH-yohs] postage stamps. [Spain].
tampones [tahm-POH-nehs] tampons.
un cepillo de dientes [oon seh-PEE-yoh deh DYEHN-tehs] a toothbrush.
un diccionario inglés-español [oon deek-syoh-NAH-ryoh een-GLEHS-ehs-pah-NYOHL] an English-Spanish dictionary.
un paraguas/una sombrilla [oon pah-RAH-gwahs/ OO-nah sohm-BREE-yah] an umbrella.
un periódico/diario en inglés [oon peh-RYOH-dee-koh/DYAH-ryoh ehn een-GLEHS] an English-language newspaper.
una hoja/navaja de afeitar/rasuradora [OO-nah OH-hah/nah-BAH-hah deh ah-fay-TAHR/rah-soo-rah-DOH-rah] a razor.
una pluma/ un bolígrafo [OO-nah PLOO-mah/ oon boh-LEE-grah-foh] a pen.
una postal [OO-nah pohs-TALH] a postcard.

Time, Calendar & Weather

Abstract Time

ahora [ah-OH-rah] now.
antes [AHN-tehs] before.

ayer [ah-YEHR] yesterday.
de hoy en ocho [day oi ehn OH-choe] in a week.
después [dehs-PWEHS] later.
esta semana [EHS-tah seh-MAH-nah] this week.
hoy [oy] today.
la semana pasada [lah seh-MAH-nah pah-SAH-dah] last week.
la semana que viene [lah seh-MAH-nah keh BYEH-neh] next week.
mañana [mah-NYAH-nah] tomorrow.
mañana [mah-NYAH-nah] morning.
noche [NOH-cheh] night.
por quince días [pohr KEEN-say DEE-ahs] for two weeks.
tarde [TAHR-deh] afternoon.

Clock time

la una de la madrugada [lah OOH-nah deh lah mah-droo-GAH-dah] one o'clock AM.
la una de la mañana [lah OOH-nah deh lah mah-NYAH-nah] one o'clock AM.
la una de la tarde [lah OOH-nah deh lah TAHR-deh] one o'clock PM.
las diez de la mañana [lahs dee-EHS deh lah mah-NYAH-nah] ten o'clock AM.
las diez de la noche [lahs dee-EHS deh lah NOH-cheh] ten o'clock PM.
las doce de la mañana [lahs DOH-seh deh lah mah-NYAH-nah] noon.
las doce de la noche [lahs DOH-seh deh lah NOH-cheh] midnight.
las dos de la madrugada [lahs DOHS deh lah mah-droo-GAH-dah] two o'clock AM.
las dos de la mañana [lahss DOHS deh lah mah-NYAH-nah] two o'clock AM.

las dos de la tarde [lahs DOHS deh lah TAHR-deh] two o'clock PM.
medianoche [meh-dee-yah-NOH-cheh] midnight.
mediodía [meh-dee-oh-DEE-ah] noon.

Units of Time

años [AH-nyohs] years.
décadas [DEH-ka-das] decades.
días [DEE-ahs] days.
horas [OH-rahs] hours.
meses [MEHS-ehs] months.
minutos [mee-NOO-tohs] minutes.
segundos [say-GOON-dohs] seconds.
semanas [seh-MAH-nahs] weeks.
siglos [SEE-glows] centuries.

Seasons

1. **primavera** [pri-ma-VEH-rah] Spring.
2. **verano** [VEH-ra-no] Summer.
3. **otoño** [OH-to-NYO] Autumn.
4. **invierno** [in-VYEH-no] Winter.

Weather

Good Weather

Hace buen tiempo. [AH-say bwayne tee-EHM-poe] The weather's nice.
Hace sol. [AH-say soul] It's sunny.
¡Qué día tan hermoso! [kay DEE-ah tahn ehr-MOH-so] What a beautiful day!

Bad Weather

Está nevando. [eh-STAH nay-VAHN-doe] It's snowing.

Está nublado. [ehs-TAH noo-BLAH-doe] It's cloudy.
Hace calor. [AH-say kahl-OR] It's hot.
Hace frío. [AH-say FREE-oh] It's cold.
Hay mucho viento. [ay MOO-choe bee-EHN-toe] It's very windy.
Hay neblina. [ay nay-BLEE-nah] It's foggy.
Llueve. [yoo-AY-vay] It's raining.

Special Situations

Seeking Help

¡Alto, ladrón! [AHL-toh, lah-DROHN!] Stop! Thief!
¡Ayuda! [ah-YOO-dah!] Help!
Déjame en paz. [DEH-hah-meh ehn PAHS] Leave me alone.
Es una emergencia. [ehs OO-nah eh-mehr-HEHN-syah] It's an emergency.
Estoy enfermo/a. [ehs-TOY ehn-FEHR-moh/mah] I'm sick.
Estoy herido/a. [ehs-TOY eh-REE-doh/dha] I've been injured.
Estoy perdido/a. [ehs-TOY pehr-DEE-doh/dah] I'm lost.
Llamaré a la policía. [yah-mah-REH ah lah poh-lee-SEE-ah] I'll call the police.
¿Me presta su celular/móvil? [meh PREHS-tah soo seh-loo-LAHR / MOH-beel?] Can I borrow your cell phone/mobile phone?
¿Me puede ayudar? [meh PWEH-deh AY-yoo-dahr?] Can you help me?
Necesitan ayuda? Do you need help? [polite, plural, Latin America].
Necesitas ayuda? do you need help? [familiar].

Necesito ayuda. [neh-seh-SEE-toh ah-YOO-dah] I need help.
Necesito llamar a la embajada [neh-seh-SEE-toh yah-MAHR ah lah em-bah-HAH-dah] I need to call the embassy.
Necesito papel higiénico. I need toilet paper.
Necesito su ayuda. I need your help. [polite].
Necesito un médico. [neh-seh-SEE-toh OON MEH-dee-coh] I need a doctor.
¡No me toque! [noh meh TOH-keh!] Don't touch me!
Perdí mi billetera. [pehr-DEE mee bee-yeh-TEH-rah] I lost my wallet.
Perdí mi bolsa/bolso/cartera. [pehr-DEE mee BOHL-sah / BOHL-soh / kahr-TEH-rah] I lost my purse/handbag.
¡Policía! [poh-lee-SEE-ah!] Police!
Puede ayudarme? Can you help me?
¿Puedo usar el baño? [PWEH-doh oo-SAHR ehl BAHN-nyo] Can I use the bathroom?
¿Puedo usar su teléfono? [PWEH-doh oo-SAHR soo teh-LEH-foh-noh?] Can I use your phone?
¡Socorro! [soh-KOHR-roh!] Help!

Emergencies

¡Ayúdeme! [ah-YOO-day-may!] Help me!
¡Cuidado! [kwee-DAH-doh] Look out!
¡Cúbranse! [KOO-brahn-say] Take cover!
Déjeme en paz. [DAY-hay-may ehn PAHS] Leave me alone.
¿Dónde está la comisaría? [DOHN-deh ehs-TAH lah koh-mee-sah-REE-ah?] Where is the police station?
Estoy perdido/a. [ehs-TOY pehr-DEE-doh/-dah] I'm lost.
¡Fuego! [FWEH-goh] Fire!
¡Hay disparos! [eye dees-PAH-rose] There's a shooting!

He sido violada/do. [eh SEE-doh byoh-LAH-dah/doh] I've been sexually asaulted.
¡Hubo un accidente! [OO-boh oon ahk-see-DEHN-teh] There's been an accident!
¡Ladrón! [lah-DROHN] Thief!
¡Llame a la policía! [YAH-meh a lah poh-lee-SEE-ah] Call the police!
¡Márchese! [MAHR-cheh-seh] Go away!
¡Ojo! [OH-hoh] Look out!
¡Para ladrón! [PAH-rah lah-DROHN] Stop thief!
¿Podría yo usar su teléfono/móbil/celular? [poh-DREE-ah yoh oo-SAHR soo teh-LEH-foh-noh/MOH-beel/seh-loo-LAHR?] Could I use your telephone/mobile/cell phone?
¡Policía! [poh-lee-SEE-ah] Police!
¿Puede usted ayudarme por favor? [PWEH-deh oos-TEHD ah-yoo-DAHR-meh pohr fah-BOHR?] Can you help me please?
¡Váyase! [BAH-yah-seh] Go away!

Health and Medical

¿Dónde hay una farmacia? [DOHN-day ay OON-ah farm-AH-see-ah] Where is the pharmacy?
Estoy enfermo/a. [ehs-TOY ehn-FEHR-moh/mah] I'm ill.
Llame un doctor. [YAH-meh oon dohk-TOHR] Call an ambulance.
Llame una ambulancia. [YAH-meh OO-nah ahm-boo-LAHN-syah] Call an ambulance.
Me siento mal. [meh SYEHN-toh mahl] I don't feel well.
¡Necesito la asistencia médica! [neh-seh-SEE-toh lah ah-sees-TEHN-syah MEH-dee-kah] I need medical attention!
No me duele. [no may DWAY-lay] It doesn't hurt.
Tengo fiebre. [TAYHN-go fee-EBB-ray] I have a fever.

Tengo mucho dolor. [TAYN-goe MOO-choe doh-LOHR] I'm in a lot of pain.
¿Tiene algún calmante? [tee-EHN-ay all-GOON call-MAHN-tay?] Do you have any painkillers?

Interacting with Authorities

¿Adónde me lleva? [ah-DOHN-deh meh YEH-bah?] Where are you taking me?
¿Estoy arrestado/da? [ehs-TOY ahr-rehs-TAH-doh/dah?] Am I under arrest?
Fue un malentendido. [fweh oon mahl-ehn-tehn-DEE-doh] It was a misunderstanding.
No he hecho nada malo. [NOH eh EH-choh NAH-dah MAH-loh] I haven't done anything wrong.
Por favor, hubo un malentendido. [pohr fah-BOHR OO-boh oon mahl-ehn-tehn-DEE-doh] Please, there has been a mistake.
¿Puedo pagar la multa ahora? [PWEH-doh pah-GAHR lah MOOL-tah ah-OH-rah?] Can I just pay a fine now?
Quiero hablar con la embajada estadounidense/australiano/inglés/canadiense. [KYEH-roh ah-BLAHR kohn lah ehm-bah-HAH-dah ehs-tah-doh-oo-nee-DEHN-see/ ows-trah-LYAH-noh/ een-GLEHS/ kah-nah-DYEHN-seh] I want to talk to the American/Australian/British/Canadian embassy/consulate.
Quiero hablar con un abogado. [KYEH-roh ah-BLAHR kohn oon ah-boh-GAH-doh] I want to talk to a lawyer.
Soy ciudadano/a estadounidense/australiano/inglés/canadiense. [soy syoo-dah-DAH-noh/nah ehs-tah-doh-oo-nee-DEHN-see/ ows-trah-LYAH-noh/ een-GLEHS/ kah-nah-DYEHN-seh] I am an American/Australian/British/Canadian citizen.
Yo confieso [yoh kohn-FYEH-soh] I confess.

Holidays & Celebrations

Felices pascuas. [fay-LEESE-ays PAHSS-kwahs] Happy Easter.
Feliz Navidad [fay-LEESE NAH-vee-dad] Merry Christmas and a Happy New Year.
Felíz cumpleaños. [fay-LEESE kuhm-play-AHN-yohs] Happy Birthday.
Felíz día de gracias. [fay-LEESE DEE-ah day GRAH-see-ahs] Happy Thanksgiving.
Felíz día de San Valentín. [fay-LEESE DEE-ah day san val-ehn-TEEN] Happy Valentines Day.
Próspero Año Nuevo [PRO-speh-ro AHN-nyo NWEH-voh] Happy New Year.

Common Spanish Phrases

Exclamations

A ver. Let me see; Let's see; Let's go.
Adelante. Come in; Go ahead.
Aguas. Be careful; Pay attention.
Ah. Ah. [expression of relief, realization, awe].
Ajá. Aha. [moment of epiphany].
Alá. Come on; Let's go; Hey; Wow.
Aleluya. Hallelujah.
Aló. Hello. [commonly used when answering the telephone].
Amén. Amen.
¡Anda! [AHN-da!] Come on!
Anda. Come on.
Arriba. Hurray.
Ay, caramba. Oh my gosh. [Mexico].
Ay. Ay. [expresses pain, sorrow, or surprise].
Ánimo. Courage; Keep your head up; Good luck.

Bah. [indicates disdain or unbelief].
Basta. Enough.
Bravo. Well done; Good show. [in general use].
¡Buen viaje! [BWAYN vee-AAH-hay] Bon voyage!
Bueno ... Well ... [used at the start of a phrase, often followed by a pause].
Bueno. [utterance used when answering the phone]. [interrogatively, Mexico].
Buf. [expresses unpleasantness].
Carajo. Dman. [South America, Northwestern Spain].
Caramba. Good grief. [expression of shock, suprise or anger].
Caray. Good heavens. [expresses disgust, surprise, astonishment].
Ca. Oh no. [Spain].
Cállate. Shut up.
¡Cállese! [KAI-yeh-say] Shut up!
Chale. "No" intensified. [similar to "hell no" or "yeah right" - U.S., slang].
Chau. Bye; Goodbye. [Latin America].
Che. Hey. [Argentine, Uruguay, Bolivia, Paraguay].
Chito. Shh; Hush; Silence.
Chucha. Damn.
Claro que no. Of course not.
Cojonudo. Great; Brilliant; Ballsy. [vulgar, Spain].
Como quiera. As you wish.
Conforme. Roger that.
Coño. Damn. [slang, vulgar].
Creo que no. I don't think so.
Creo que sí. I think so.
Daca. Give it here.
¿De verdad? [day behr-DAD?] Really?
De vicio. Wicked (ie: great!)
Dios Mío. Oh my god. [expression of shock or surprise].
Dígame. Hello. [on the phone].

Ea. So; And so; Now. [expressing resolution, preceding a willful resolution].
Eh. Hey. [used to call, draw attention, warn or reprehend].
Epa. Hey.
Ese. Hello. [Mexico, informal].
¡Espere! [ehs-PEH-ray] Wait!
Este... Uh... [space filler in a conversation].
Guau. Wow. [expressing astonishment or admiration].
Guau. Bbow wow; Woof. [the sound a dog makes when barking].
Guácala. Ew; Gross. [Latin America].
Hala. Come on; Let's go; Hey; Wow.
Híjole. Wow; Whoa. [used to denote surprise or the state of being impressed - Mexico, El Salvador, Honduras, Costa Rica].
Hombre. Hey; Man.
Hostia. Jeez. [expression of surprise - Spain, vulgar].
Huy. Expression of pain, anguish, fright.
Igualmente. Likewise; The same to you.
Jaja. Haha.
Ja. Ha. [representation of laughter].
Jesús. Bless you; Gesundheit. [said after a sneeze].
Jo. Stop; Whoa. [especially when commanding a horse].
Leche. Shit. [vulgar, Spain].
Lechuga. Expresses anger, upset, or annoyance (euphemism for 'leche'). [informal, euphemistic].
Mala suerte. Bad luck; Tough luck.
Maldito. Damn.
Me vale. I don't care. [Mexico].
Menos mal. Phew.
Miéchica. Damn; Blast it. [colloquial].
Miércoles. Shoot. [euphemism for 'mierda'].
¡Mira! [MEE-rah] Look!
Ni fu ni fa. So so.

Ni hablar. No way.
No hay problema. No problem.
Ñam Ñam Ñam. Nom nom nom.
Ñau. Meow; Miaow.
Ñew. Mew; Meow; Miaow. [Chile].
Oh. Oh. [expression of awe, surprise, pain or realization].
Ojalá. I hope so; Let's hope so; God willing.
Ojo. Look out; Watch out.
Olé. [expression of encouragement and approval].
Oye. Hey; Listen.
Órale. Yes; OK. [indicates approbation - Mexico].
Órale. Let's go; Come on; Hurry. [used to exhort - Mexico].
Órale. Oh my god; Wow. [indicates amazement, astonishment, excitement, surprise, shock, fear - Mexico].
Paf. Bang.
Perdón. Sorry; Pardon me. [excuse me].
Permiso. Excuse me; Pardon me.
Por dios. For god's sake; By god.
Por eso. That's what I meant.
¡Por supuesto! [pohr-soo PWES-toh] Of couse!
Porras. Shit.
Puaj. Ew; Gross.
Pucha. [expresses pity, disappointment, sympathy]. [Chile, colloquial].
Pum. Bang; Pop; Boom.
Punto. That's it.
¡Qué barbaridad! Unbelievable!
¡Qué bien! [KAY bee-en] That's great!
Qué lástima. What a shame.
Qué pasada. Wow; Holy cow; Holy shit. [indicates surprize or amazement].
Qué pena. What a pity.

¿Qué te pasa, calabaza? What's up. [colloquial, humorous].
Qué va. Come on; No way; Of course not. [indicates refusal or disbelief - colloquial].
Quia. [denotes incredulity]. [Spain].
Sale. okay. [Mexico].
Salud. Cheers. [the usual toast when drinking alcohol].
Sácate. Do not dare; Do not even think it; Forget it; Get out.
Sé. Yeah. [colloquial, Chile].
Simón. Yes. [colloquial, Mexico, Guatemala].
Sí hombre. Oh, c'mon.
Socorro. Help.
So. Woah.
Suerte. Good luck.
¡Tenga cuidado! [TANG-gah kwee-DAH-do] Be careful!
Tictac. Tick tock.
Tranquilo. Relax; Calm down.
Uh. [used to express disappointment or disdain].
Ups. Oops.
Vale. OK; Okay. [Spain].
Vaya por Dios! Oh my god!
Vámos Let's go.
¡Venga aquí! [BANG-ga ah-KEE] Come over here!
Y un huevo. No way; No way José. [idiomatic, colloquial].
Yo sabré. It's my life.
Zas. Bang.
Za. Scat; Get out of here. [usually said to an animal].

Idiomatic Expressions

a la buena de Dios without thought or reflection; haphazardly.
a mal tiempo buena cara face the music.

a otra cosa, mariposa Let's change the subject, shall we?

a otro perro con ese hueso you can't fool me, go tell that to somebody else; tell it to the marines.

a sus pies at your (his/her/their) fingertips.

armar la de San Quintín to raise Cain; to start a fight.

bien predica quien bien vive He who preaches well is he who lives well.

blanca y en botella, leche no doubt about it, no question.

buena fama hurto encubre good reputation covers over a theft.

buey viejo surco derecho an old ox, a straight furrow (it makes).

buscar pelos en la sopa to look for excuses to complain; literally "to search for hair in the soup".

cierro el pico shut up (literal: close your beak).

como si te la pica un pollo I don't give a rat's ass. [colloquial].

coser y cantar A piece of cake.

cosido a faldas To be dependent on someone, to be tied to their skirts.

de pura cepa full-blooded.

el día que las vacas vuelen that'll be the day; never; when pigs fly.

el mundo es un pañuelo it's a small world.

en la punta de la lengua on the tip of one's tongue.

en pañales Literally “in diapers”; in the very early stages of something; still green; wet behind the ears.

esto es chino para mí It's all Greek to me; I don't understand any of this.

hablando del rey de Roma speak of the devil.

hoy por ti mañana por mi you scratch my back and I'll scratch yours.

la mamá de Tarzán the bee's knees.

locos y niños dicen la verdad Children and crazy people tell what's true (meaning they have no inhibition to express how they see things).

me cago en la leche fuck; fuck it. [vulgar, Spain, idiomatic].

mi casa es su casa Formal phrase meaning "my house is your house".

ni chicha ni limonada Said of something that is unknown or unclear.

nunca mucho cuesta poco never much' costs little (or 'much never costs little'); you get what you pay for.

para gustos hay colores there's no accounting for taste.

poner el carro delante de los bueyes put the cart before the horse.

por la boca muere el pez by its mouth the fish dies (meaning what you say can do you harm).

qué será, será whatever will be, will be.

te quiero como la trucha al trucho I love you so much. [humorous, idiomatic].

una, dole, tele, catole Equivalent to eeny, meeny, miny, moe.

viva la Pepe let the good times roll.

voy a caballo y vengo a pie I have less than what I started with.

y para de contar and that's all; and that's it.

More Common Phrases

al fin y al cabo at the end of the day; when all is said and done.

algo del otro mundo something special or extraordinary; something to write home about.

amar no es amor A lament of unrequited love.

amor y paz y nada más a statement that love and peace are the most important attributes and actions and others are overvalued.

así es la vida c'est la vie; that's life.
bendito sea Dios good Lord; good heavens.
cara o cruz heads or tails.
choca esos cinco give me five. [colloquial, Spain].
cómo le va how's it going?
cuanto antes as soon as possible; ASAP.
da igual I don't mind; whatever.
de cabeza upside down.
de pe a pa from A to Z; from cover to cover; completely.
dicho y hecho said and done; no sooner said than done.
dulces sueños sweet dreams.
en mi vida never (in my life).
es para hoy Literally It's for today. Meaning hurry up, or get a move on.
eso es vida this is the life.
Estoy aburrido/a. I'm bored.
Estoy bromeando. I'm only joking.
Estoy cansado/a I'm tired.
Estoy de acuerdo. I agree.
érase una vez once upon a time.
gracias a Dios thanks be to God.
había una vez once upon a time.
hablas inglés do you speak English? [informal].
hasta ahora see you in a bit; see you in a while.
heme here I am.
huelga decir needless to say.
ida y vuelta round trip.
la leche wow. [Spain, idiomatic].
mano a mano hand to hand (competition); or sometimes hand in hand (cooperation); on equal terms; close together.
me gustas You turn me on. [idiomatic, vulgar, slang].
me gustas You are pleasing to me. [literally].
me sabe mal I'm sorry.
me toca a mi it's my turn.

nada del otro mundo nothing special, nothing to write home about.
necesito una bebida I need a drink (nonalcoholic).
necesito una copa I need a drink (alcoholic).
no faltaba más don't mention it; you're welcome.
no hay de qué don't mention it (used as 'you're welcome' in the sense of 'no problem').
No se preocupe. Don't worry.
nota bene nota bene (used to add an aside or warning to a text).
oh, Dios mío oh my God.
para abajo A dance movement in salsa. It involves forward basic movement (boy with left) while turning the girl to the right. Then (boy with right) stepping right while pulling the girl close and turning her to the left. Meanwhile the girl keeps on taking sliding steps backwards.
parar el carro to rein in, to pull up, to put an end to something (stop somebody doing something by reprimanding).
parece mentira It's hard to believe (literally "it seems like a lie").
perdónenme Pardon me.
pim pam pum bish bash bosh.
por Dios bendito good Lord; good heavens.
por lo poco que sé for all I know.
por otro lado... on the other hand…
por qué no te callas "Why don't you shut up already?"
puede ser it could be.
¿Qué es eso? [KAY ehs EH-soh?] what is that?
¿Qué pasa? [kay PAH-sah?] what's up?
¿Qué pasó? what's happening?; what's up?
¿Qué pasó? [kay PAH-soh?] what happened?
¿Qué te cuentas? [KAY tay KWEN-tahs] what's new?
¿Quién sabe? Who knows?

se habla español Spanish spoken here.
se habla inglés English spoken here.
si lo sabré yo don't I know it; tell me about it.
te amo I love you.
te amo; te quiero I love you.
te echo de menos I miss you.
te quiero I love you; I care about you.
te toca a ti it's your turn.
tener cuidado to take care.
tengo calor I'm hot.
Tengo frío. I'm cold.
Tengo hambre. I'm hungry.
Tengo prisa. I'm in a hurry.
Tengo sed. I'm thirsty.
tengo una pregunta I have a question.
Tengo (treinta) años. I am (thirty) years old.
Toma. Here you are (when handing someone something).
Un momento... One moment...
vaya con Dios Godspeed.
vete a chingar Go fuck yourself. [pejorative, vulgar].
vete a saber you tell me; goodness knows; who knows.
voy y vengo I'll be right back.
ya te digo you betcha; damn right; too right (used to express agreement).
yo también me too.
Yo tampoco. Me neither.

Spanish Proverbs

A Dios rogando y con el mazo dando. God helps those who help themselves.
A todo cerdo le llega su san Martín. Every dog has its day.
Agua que no has de beber, déjala correr. Mind your own business; Mind your own beeswax.

Allá donde fueres, haz lo que vieres. When in Rome, do as the Romans do.
Ante la duda, la más tetuda. If in doubt, choose the option that seems most profitable.
Cuando llueve, diluvia. When it rains, it pours.
Cuatro ojos ven más que dos. Two heads are better than one.
Dame pan y llámame tonto. It doesn't matter what you say, so long as you feed me.
Del árbol caído todos hacen leña. Everyone kicks you when you're down.
Del dicho al hecho hay mucho trecho. That's easier said than done.
Dime con quién andas, y te diré quién eres. Tell me who your friends are, and I'll tell you who you are.
Donde tengas la olla no metas la polla. Don't shit where you eat. [vulgar].
El algodón no engaña. The proof of the pudding is in the eating.
El hábito no hace al monje. You can't judge a book by its cover; (literally "The habit does not make the monk").
En la cancha se ven los pingos. The proof of the pudding is in the eating.
Entre la espada y la pared. Between a rock and a hard place.
Eso es harina de otro costal. That is a horse of a different color.
Gato escaldado del agua fría huye. Once bitten, twice shy.
Hombre prevenido vale por dos. Forewarned is forearmed.
La curiosidad mató al gato. Curiosity killed the cat.
Lo primero es lo primero. First things first.
Lo que no mata, engorda. That which does not kill us makes us stronger.

Más sabe el diablo por viejo que por diablo. Wisdom comes with age.

Más vale malo conocido que bueno por conocer. Better the devil you know than the devil you don't.

Más vale pájaro en mano que ver cien volando. A bird in the hand is worth two in the bush.

No te acostarás sin saber una cosa más. Every day is a school day.

Perro que no camina, no encuentra hueso. Practice makes perfect; No pain no gain.

Quien bien te quiere, te hará llorar. Spare the rod and spoil the child.

Quien quiera peces, que moje el culo. You can't make an omelette without breaking eggs; (A proverb expressing that one must sometimes deal with unpleasant circumstances in order to achieve a goal).

Quien va a Sevilla pierde su silla. If you stand up from your seat, someone else will take it.

Roma no se hizo en un día. Rome wasn't built in a day.

Saliste de Guatemala y te metiste en Guatepeor. You went from bad to worse; Out of the frying pan into the fire.

Un día es un día. What the heck; You only live once (said when making an exception to indulge in something).

Un día más un día menos. Another day, another dollar.

Terms of Endearment

cariño [car-EEN-yoh] darling. [This is used quite frequently and is most similar to how we say "dear" or "darling" in English.]

flaco/a [FLAH-coe/ca] skinny. [sometimes be used as a non-offensive term of endearment].

gordito/a [gore-DEE-toe (tah)] little fatty. [sometimes be used as a non-offensive term of endearment].

güero/a [WHERE-oh/ah] blondie. [This refers to a person who is very light-skinned or light-haired.]
primo/a [PREEM-oh/ah] cousin. [Literally means cousin, but may be used to refer to someone who has maintained a close friendship.]
viejo/a [vee-AY-hoe/hah] old man, old woman. [Can be used jestingly or offensively depending on the context.]

Nicknames

cabrón [kah-BRONE] jackass. [While it has the literal meaning of a male goat, it has a much more negative colloquial use. You may use this for someone who you would refer to as a "jackass"].
ese [EH-say] dude. [Mexican colloquial form of address for a man].
güey [way] dude. [colloquial form of address for a man].
tío / tía [TEE-oh / TEE-ah] guy, dude, bloke (or female equivalent). [Literally means uncle/aunt, it is one of several words that may be used in place of "dude," or "guy."]
vato [BAH-toe] dude. [Often heard in Mexican culture, it is one of several words that may be used in place of "dude," "man" or "guy."]
zorra [SORE-ah] foxy lady. [This word translates to "fox," and can be used to refer to a girl who gets around a lot. It can be downright offensive or just sassy.]

Quick Reference Lists

Colors

amarillo [ah-mah-REE-yoh] yellow.
anaranjado [ah-nah-rahn-HA-doh] orange.
azul [ah-SOOL] blue.

blanco [BLAHN-koh] white.
café [kah-FEH] brown. [used mostly for skin color, clothing and fabric].
castaño [kahs-TAH-nyoh] brown. [used primarily for skin color, eye color and hair color].
gris [GREES] gray.
marrón [mahr-ROHN] brown. [used to describe color of objects].
morado [moh-RAH-doh] purple.
naranja [nah-RAHN-hah] orange.
negro [NEH-groh] black.
púrpura [POOR-poo-rah] purple.
rojo [ROH-hoh] red.
rosa [ROH-sah] pink.
verde [BEHR-deh] green.
violeta [vee-oh-LEH-tah] purple.

Days of the Week

1. **lunes** [LOO-nehs] Monday.
2. **martes** [MAHR-tehs] Tuesday.
3. **miércoles** [MYEHR-koh-lehs] Wednesday.
4. **jueves** [WEH-vehs] Thursday.
5. **viernes** [VYEHR-nehs] Friday.
6. **sábado** [SAH-bah-doh] Saturday.
7. **domingo** [doh-MEENG-goh] Sunday.

Months

1. **enero** [eh-NEH-roh] January.
2. **febrero** [feh-BREH-roh] February.
3. **marzo** [MAR-soh] March.
4. **abril** [ah-BREEL] April.
5. **mayo** [MAH-joh] May.
6. **junio** [HOO-nyoh] June.
7. **julio** [HOO-lyoh] July.

8. agosto [ah-GOHS-toh] August.
9. septiembre [sehp-TYEHM-breh] September.
10. octubre [ohk-TOO-breh] October.
11. noviembre [noh-VYEHM-breh] November.
12. diciembre [dee-SYEHM-breh] December.

Nations

Alemania Germany.
Argentina Argentina.
Australia Australia.
Canadá Canada.
Escocia Scotland.
España Spain.
Estados Unidos United States.
Francia France.
Gales Wales.
Guatemala Guatemala.
Inglaterra England.
Irlanda Ireland.
Italia Italy.
La Federación de Rusia Russia.
los Países Bajos The Netherlands.
México Mexico.

Nationalities

Alemán / Alemana German.
Americano / Americana / Estadounidense American.
Argentino / Argentina Argentinian.
Australiano / Australiana Australian.
Canadiense Canadian.
Costarricense Costa Rican.
Escocés / Escocesa Scottish.
Español / Española Spanish.
Francés / Francesa French.

Galés / Galesa Welsh.
Guatemalteco/a Guatemalan.
Holandés / Holandesa Dutch.
Inglés / Inglesa English.
Irlandés / Irlandesa Irish.
Italiano / Italiana Italian.
Mexicano / Mexicana Mexican.
Ruso / Rusa Russian.
Salvadoreño/a Salvadoran.

Numbers

catorce [kah-TOHR-seh] fourteen.
cero [SEH-roh] zero.
cien [see-EHN] one hundred.
cinco [SEEN-koh] five.
cincuenta [seen-KWEHN-tah] fifty.
cuarenta [kwah-REHN-tah] forty.
cuatro [KWAH-troh] four.
diecinueve [dee-EH-see-NOO-EH-beh] nineteen.
dieciocho [dee-EH-see-OH-choh] eighteen.
dieciséis [dee-EH-see-SEH-ees] sixteen.
diecisiete [dee-EH-see-see-EH-teh] seventeen.
diez [dee-EHS] ten.
doce [DOH-seh] twelve.
dos [dohs] two.
noventa [noh-BEHN-tah] ninety.
nueve [noo-EH-beh] nine.
ochenta [oh-CHEHN-tah] eighty.
ocho [OH-choh] eight.
once [OHN-seh] eleven.
quince [KEEN-seh] fifteen.
seis [SEH ees] six.
sesenta [seh-SEHN-tah] sixty.
setenta [seh-TEHN-tah] seventy.
siete [see-EH-teh] seven.

trece [TREH-seh] thirteen.
treinta [TRAIN-tah] thirty.
tres [trehs] three.
uno [OO-noh] one.
veinte [VAIN-teh] twenty.
veintidós [VAIN-tee-DOHS] twenty-two.
veintitrés [VAIN-tee-TREHS] twenty-three.
veintiuno [VAIN-tee-OO-noh] twenty-one.

Other Numbers

dos mil [dohs MEEL] two thousand.
doscientos [dohs-see-EHN-tohs] two hundred.
mil [MEEL] thousand.
mil millones [meel mee-YOH-nehs] one billion.
quinientos [kee-nee-EHN-tohs] five hundred.
trescientos [trehs-see-EHN-tohs] three hundred.
un billón [oon bee-YOHN] one billion.
un millón [oon mee-YOHN] one million.

Common Abbreviations

AG Aguascalientes. [Mexican state].
AL América Latina.
apto apartment. [apartamento].
Atte. atentamente. [commonly used as part of the signature in letters and e-mails in Spanish speaking countries].
a. de J.C. BC (Before Christ).
a. m. a.m.
BCN Baja California. [Mexican state].
BCN Barcelona.
BID Inter-American Development Bank. [Banco Interamericano de Desarrollo].
BM World Bank. [Banco Mundial].
bpd barrels per day. [barriles por día].

BS Baja California Sur. [Mexican state].
Bs.As. Buenos Aires.
CA AC, alternating current. [corriente alterna].
CF FC, Football Club.
CH Chihuahua. [Mexican state].
CI Coahuila. [Mexican state].
CL Colima. [Mexican state].
CM Campeche. [Mexican state].
CS Chiapas. [Mexican state].
cs teaspoons, tsp. [cucharadas].
DF Federal District (like Washington D.C.) [Distrito Federal - Mexican federal district].
dls dollars.
dpto department. [departamento].
Drs. Drs. [short for Doctores].
Dr. Dr. [short for Doctor].
DU Durango. [Mexican state].
D. honorific title for a man (roughly equivalent to Sir). [Don].
FF. AA. Armed Forces. [fuerzas armadas].
fr. friar. [fray].
GR Guerrero. [Mexican state].
Gral. general. [general].
GT Guanajuato. [Mexican state].
hnos. brothers, siblings, brothers and sisters. [hermanos].
I illustrious (honorific term of address). [ilustre].
IVA VAT, value-added tax. [impuesto de valor agregado].
m Used in SMS for me. [me].
MC Michoacán. [Mexican state].
ML Morelos. [Mexican state].
MX México. [Mexican state].
m. noon. [mediodía].
Mª María. [Maria].
NA Nayarit. [Mexican state].

NL Nuevo León. [Mexican state].
núm. No., number.
nº No., number. [número].
OA Oaxaca. [Mexican state].
OVNI UFO. [objeto volador no identificado].
PGR Attorney General. [La Procuraduría General de la República - Mexico].
PU Puebla. [Mexican state].
p. p. [página].
p. m. p.m.
q Used in SMS for que and qué. [texting, Internet].
QE Querétaro. [Mexican state].
QR Quintana Roo. [Mexican state].
SI Sinaloa. [Mexican state].
SL San Luis Potosí. [Mexican state].
SO Sonora. [Mexican state].
Sr Mr. [Señor].
Sra Mrs. [Señora].
Sres Messrs. [Señores].
Srta Miss. [Señorita].
Stgo. Santiago de Chile.
S. St. (Saint, female). [Santa].
S. St. (Saint, male). [San, santo].
S.A. Incorporated (Inc.), Limited liability company (LLC). [Sociedad Anónima].
s/n number unknown. [abbreviation of sin número].
s/n name unknown. [abbreviation of sin nombre].
TA Tamaulipas. [Mexican state].
TB Tabasco. [Mexican state].
tb también. [texting, Internet].
TCM a.k.a. (also known as). [también conocido como].
TL Tlaxcala. [Mexican state].
TQM I love you a lot. [te quiero mucho - texting, Internet].
TVE TV España.

Uds. you (plural, formal). Abbreviated form of ustedes.
Ud. you (singular, formal). Abbreviated form of usted.
VC Veracruz. [Mexican state].
Vds. you (plural, formal). [ustedes].
Vd. (you). Abbreviated form of usted.
Vmd. (your grace). abbreviation of vuestra merced.
YC Yucatan. [Mexican state].
y/o and/or.
ZA Zacatecas. [Mexican state].

Index to Topics

Spanish Pocket Dictionary

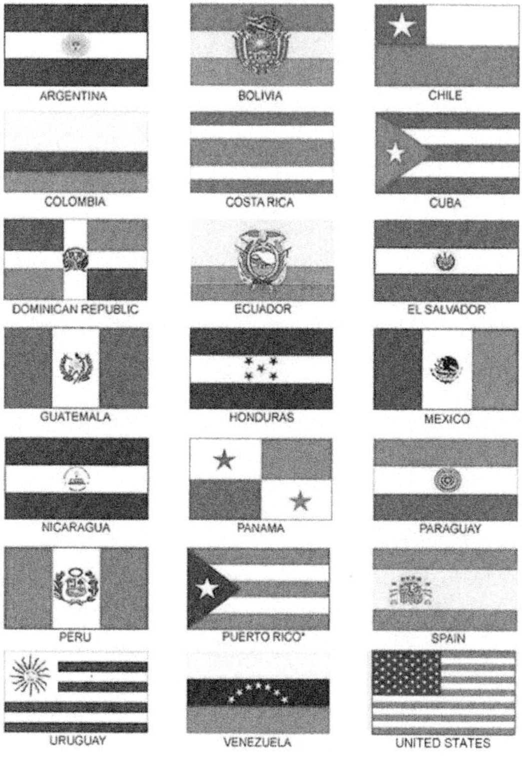

A - a

a causa de PHRASE. because of.
a continuación PHRASE. next.
a dedo PHRASE. hitchhiking.
a escala mundial PHRASE. worldwide.
a escote PHRASE. to divide up the bill.
a finales PHRASE. at the end (of).
a la española ADJECTIVE. Spanish style.
a lo lejos PHRASE. from far away.
a lo mejor ADVERB. perhaps.
a mediados PHRASE. in the middle.
a menudo ADVERB. often.
a pie ADJECTIVE. walking.
a principios PHRASE. in the beginning.
a través de PREPOSITION. via, through.
a veces ADVERB. sometimes.
a ver EXCLAMATION. let me see, let's see, let's go.
a ver EXCLAMATION. let's see.
abajo PREPOSITION. downstairs, down.
abandonar VERB. abandon.
abdomen NOUN (m). abdomen.
abdominales NOUN (m). abdominal muscles.
abierto ADJECTIVE. open.
abogado NOUN (m). lawyer.
abonado NOUN (m). member.
abono NOUN (m). voucher, season ticket.
abrazar VERB. to hug.
abrazo NOUN (m). embrace, hug.
abrigo NOUN (m). coat.
abril NOUN (m). April.
abrir VERB. to open.
abrir de par en par VERB PHRASE. to open wide.
absentismo NOUN (m). absenteeism.
abstemio ADJECTIVE. abstemious.
abstenerse R. VERB. to refrain from.
absurdo ADJECTIVE. absurd.
abuela NOUN (f). grandmother.
abuelo NOUN (m). grandfather.
abuelos NOUN (m). grandparents.
abundante ADJECTIVE. abundant.
aburrido ADJECTIVE. boring.
aburrimiento NOUN (m). boredom.
aburrirse R. VERB. to be bored.
abuso NOUN (m). abuse.
acabado ADJECTIVE. finished.
acabar de + inf. VERB PHRASE. just + have + past participle.
acabar + de VERB PHRASE. to have just + verb.
academia NOUN (f). academy.
académico ADJECTIVE. academic.
acampada NOUN (f). camping.

acceder VERB. to get into.
accidente NOUN (m). accident.
acción NOUN (f). action.
aceite NOUN (m). oil.
aceituna NOUN (f). olive.
acelerar VERB. to accelerate.
acento NOUN (m). accent.
acepción NOUN (f). meaning, sense.
aceptación NOUN (f). acceptance.
aceptar VERB. to accept.
acera NOUN (f). pavement.
acercar VERB. to come closer.
acertar VERB. to get (something) right.
achís EXCLAMATION. achoo. [refers to sneezing]
aciago ADJECTIVE. fateful, doomed.
aclaración NOUN (f). explanation.
aclarar VERB. to clear up.
acogedor ADJECTIVE. cozy.
acogerse R. VERB. to take refuge.
acogida NOUN (f). reception.
acompañar VERB. to join someone.
acomplejado ADJECTIVE. complexed (pyschologically).
acondicionado ADJECTIVE. equipped.
aconsejar VERB. to advise.
acontecimiento NOUN (m). event.
acordarse R. VERB. to remember.
acortar VERB. to cut short.
acostar VERB. to put to bed.
acostarse R. VERB. to go to bed.
activamente ADVERB. actively.
actividad NOUN (f). activity.
acto NOUN (m). act.
actor NOUN (m). actor.
actuar VERB. to act.
acudir VERB. to go to.
acuerdo NOUN (m). agreement.
adaptación NOUN (f). adaptation.
adecuado ADJECTIVE. adequate.
adelante EXCLAMATION. come in, go ahead.
además ADVERB. besides, apart from that.
adicto NOUN (m). addict.
adiós EXCLAMATION. goodbye, farewell.
adiós EXCLAMATION. good-bye.
adivinanza NOUN (f). guess, riddle.
adivinar VERB. to guess.
adjetivo NOUN (m). adjective.
administrativo NOUN (m). administrative assistant.
admirar VERB. to admire.
adolescente NOUN (m)(f). adolescent.
adoptado ADJECTIVE. adopted.
adorar VERB. to adore.
adorno NOUN (m). decoration.
adosado NOUN (m). detached (house).
adquirir VERB. to acquire.
aduana NOUN (f). customs, border.
adulterio NOUN (m). adultery.
adulto NOUN (m). adult.
adverbio NOUN (m). adverb.
advertencia NOUN (f). warning.
advertir VERB. to warn.

aeropuerto NOUN (m). airport.
afectar VERB. to affect.
afeitarse R. VERB. to shave.
afianzamiento NOUN (m). consolidation.
afianzarse R. VERB. to establish oneself.
aficionado NOUN (m). fan.
afición NOUN (f). hobby.
afiliado NOUN (m). affiliate, member.
afincado ADJECTIVE. to be based in/at.
afirmación NOUN (f). affirmation.
afirmar VERB. affirm.
africano ADJECTIVE. African.
afueras NOUN (f). surroundings.
AG ABBREV. Aguascalientes. [Mexican state]
agarrado ADJECTIVE. stingy, tight-fisted.
agarrados del brazo PHRASE. arm in arm.
agarrar VERB. to grasp.
agencia NOUN (f). agency.
agencia de viajes NOUN (f). travel agency.
agenda NOUN (f). address book, diary.
agenda apretada NOUN (f). tight schedule.
agitar VERB. to mix, shake.
agobio NOUN (m). stress.
agosto NOUN (m). August.
agotado ADJECTIVE. exhausted.
agradable ADJECTIVE. enjoyable.
agradecer VERB. to thank.
agradecimiento NOUN (m). thanks.
agresión NOUN (f). attack.
agrupar VERB. to put in groups.
agua NOUN (f). water.
aguafiestas NOUN (m). party-pooper.
aguas EXCLAMATION. be careful, pay attention.
agujero NOUN (m). hole.
ah EXCLAMATION. ah. [expression of relief, realization, awe]
ahora ADVERB. now.
ahorcar VERB. to hang.
ahorrar VERB. to save.
ahorro NOUN (m). saving.
aire acondicionado NOUN (m). air conditioning.
ajá EXCLAMATION. aha. [moment of epiphany]
ajedrez NOUN (m). chess.
ajeno ADJECTIVE. detached, beyond one's control.
ajo NOUN (m). garlic.
AL ABBREV. América Latina.
al aire libre ADJECTIVE. open air, outside.
al cabo de ADVERB. after.
al contado ADJECTIVE. in cash.
al lado de PREPOSITION. beside.
al parecer ADVERB. apparently.
al poco tiempo ADVERB. soon after.
al principio ADVERB. in the beginning.
al revés ADVERB. on the contrary, back to front.
alá EXCLAMATION. come on, let's go, hey, wow.
albergue NOUN (m). hostel.

albergue juvenil NOUN (m). youth hostel.
alcachofa NOUN (f). artichoke.
alcalde NOUN (m). mayor.
alcance NOUN (m). reach.
alcanzar VERB. to reach.
alcohol NOUN (m). alcohol.
aldea NOUN (f). township, small village.
alegre ADJECTIVE. happy.
alegría NOUN (f). happiness.
alejarse R. VERB. to move away.
aleluya EXCLAMATION. hallelujah.
Alemania PROPER NOUN. Germany.
alemán NOUN (m). German.
alergia NOUN (f). allergy.
alfabeto NOUN (m). alphabet.
alfombra NOUN (f). carpet.
algo PRONOUN. something.
algodón NOUN (m). cotton.
alguien PRONOUN. someone.
alguna vez ADVERB. ever.
algunas veces ADVERB. sometimes.
alimento NOUN (m). food.
alinear VERB. align.
aliviar VERB. to relieve.
alma NOUN (f). soul.
almacén NOUN (m). store, warehouse.
almendro NOUN (m). almond tree.
almohada NOUN (f). pillow.
almorzar VERB. to have lunch.
almuerzo NOUN (m). snack, lunch.
alojamiento NOUN (m). accommodation, lodging.
alojarse R. VERB. to stay.
aló EXCLAMATION. hello. [commonly used when answering the telephone]
alquilar VERB. to rent.
alrededor de PREPOSITION. about, around.
altar NOUN (m). altar.
altavoz NOUN (m). speaker.
alto EXCLAMATION. stop.
alto ADJECTIVE. high.
altura NOUN (f). height.
alubia NOUN (f). kidney bean.
alucinación NOUN (f). hallucination.
alucinante ADJECTIVE. amazing.
alucinar VERB. to hallucinate.
aludir VERB. to allude to.
alumbrar VERB. to enlighten.
alumno NOUN (m). pupil.
ama NOUN (f). landlady.
ama de casa NOUN (f). housewife.
amabilidad NOUN (f). kindness.
amable ADJECTIVE. friendly.
amanecer NOUN (m). dawn.
amante NOUN (m)(f). lover.
amar VERB. to love.
amarillo ADJECTIVE. yellow.
ambiente NOUN (m). ambience, atmosphere.
amenazar VERB. to threaten.
amén EXCLAMATION. amen.
América PROPER NOUN. America.
amigo NOUN (m). friend.
amistad NOUN (f). friendship.
amor NOUN (m). love.
amoroso ADJECTIVE. loving.
ampliar VERB. to amplify.

amplio ADJECTIVE. roomy, spacious.
amplitud NOUN (f). extent, space.
anacronismo NOUN (m). anachronism.
análisis NOUN (m). analysis.
ancho ADJECTIVE. wide.
anciano NOUN (m). old man.
anda EXCLAMATION. come on.
Andalucía PROPER NOUN. Andalusia.
andaluz ADJECTIVE. from Andalusia.
andando ADJECTIVE. on foot.
andante ADJECTIVE. walking.
andar VERB. to walk.
andén NOUN (m). platform.
anestesista NOUN (m)(f). anesthetist.
anécdota NOUN (f). anecdote.
anfitrión NOUN (f). host.
angustia NOUN (f). anxiety, anguish.
angustioso ADJECTIVE. worrying, agonizing, distressing, anguished.
anhelo NOUN (m). longing, yearning.
anillo NOUN (m). ring.
animado ADJECTIVE. animated.
animadora NOUN (f). animation team, cheerleader.
animal NOUN (m). animal.
animar VERB. to encourage, cheer up.
anoche ADVERB. last night.
anonimato NOUN (m). anonymity.
anotar VERB. write down.
ansia NOUN (f). worry, anxiety.
ansiolítica NOUN (f). anxiolytic drug.
anteanoche ADVERB. the night before last.
anteayer ADVERB. the day before yesterday.
antecedente NOUN (m). police record.
antelación NOUN (f). with advance notice.
antepasados NOUN (m). predecessors.
anterior ADJECTIVE. earlier, previous.
antes ADVERB. before.
antibiótico NOUN (m). antibiotic.
anticuado ADJECTIVE. antiquated.
antiguo ADJECTIVE. old, former.
antigüedad NOUN (f). antiquity.
antipático ADJECTIVE. unfriendly.
antónimo NOUN (m). antonym.
anunciar VERB. to announce.
anuncio NOUN (m). advertisement.
anuncio de publicidad NOUN (m). spot, advertisement.
anverso NOUN (m). front, obverse.
añadir VERB. to add.
año NOUN (m). year.
Año Nuevo PROPER NOUN. New Year.
apagar VERB. to switch off.
aparcamiento NOUN (m). parking lot.
aparcar VERB. to park.
aparecer VERB. to appear.
aparición NOUN (f). appearance.
apariencia NOUN (f). appearance.

apartado NOUN (m). section.
apartamento NOUN (m). apartment.
apasionado ADJECTIVE. passionate.
apático ADJECTIVE. apathetic.
apegar VERB. to get attached to.
apellido NOUN (m). surname, last name, family name.
apenas ADVERB. hardly, scarcely.
aperitivo NOUN (m). aperitif.
apertura NOUN (f). opening.
apetecer VERB. to feel like it.
aplauso NOUN (m). applause.
aplazar VERB. to delay, put off.
aportación NOUN (f). contribution.
aportar VERB. to contribute.
apostar VERB. to bet.
apoyo NOUN (m). support.
apócope NOUN (m). apocope, apocopation.
aprender VERB. to learn.
aprendizaje NOUN (m). learning.
apretar VERB. to tighten, hug.
aprisa ADVERB. quickly.
aprobación NOUN (f). approval.
aprobar VERB. to approve.
aprovechar VERB. to take advantage of.
apto ABBREV. apartment. [apartamento]
apuesta NOUN (f). bet.
apuntar VERB. to aim at.
apuntarse R. VERB. to sign up for.
apuntes NOUN (m). notes.
apuñalar VERB. to stab.
aquel ADJECTIVE. that.
aquí ADVERB. here.
archivar VERB. to file.
archivo NOUN (m). file.
arder VERB. to burn.
Argel PROPER NOUN. Algiers.
Argentina PROPER NOUN. Argentina.
argumentar VERB. to argue.
argumento NOUN (m). argument.
arma NOUN (f). weapon.
armado ADJECTIVE. armed.
armadura NOUN (f). armour.
armario NOUN (m). wardrobe.
armonioso ADJECTIVE. harmonious.
arquitecto NOUN (m). architect.
arquitectura NOUN (f). architecture.
arraigarse R. VERB. to take root, establish.
arrancar VERB. to start.
arre EXCLAMATION. giddy up.
arrea EXCLAMATION. get moving.
arreglar VERB. to repair.
arrepentirse R. VERB. to regret something.
arriba EXCLAMATION. hurray.
arriba ADVERB. up(stairs).
arroba NOUN (f). at.
arrojarse R. VERB. to throw oneself, hurl oneself, fling oneself.
arrollar VERB. to roll over, run over.
arroz NOUN (m). rice.
arruga NOUN (f). wrinkle.
arte NOUN (m)(f). art.
artesanía NOUN (f). crafts.
artesano NOUN (m). artisan.

artículo determinado NOUN (m). definite article.
artículo indeterminado NOUN (m). indefinite article.
artritis NOUN (f). arthritis.
as NOUN (m). ace.
asado ADJECTIVE. roasted.
asaltar VERB. to rob.
ascender VERB. to rise.
ascensor NOUN (m). lift.
asegurar VERB. to insure, to assure, to ensure.
asegurarse R. VERB. to make sure.
asentimiento NOUN (m). assent, approval, consent.
asesinar VERB. to murder.
asesino NOUN (m). murderer, killer.
asesorar VERB. to advise.
Asia PROPER NOUN. Asia.
asiático NOUN (m). Asian.
asiento NOUN (m). seat.
asignatura NOUN (f). subject.
asimismo ADVERB. thus, so.
asistencia NOUN (f). assistance.
asistir VERB. to attend.
así ADVERB. like this.
así que PHRASE. so.
asociar VERB. to associate.
aspecto NOUN (m). aspect.
aspecto físico NOUN (m). physical trait.
aspiradora NOUN (f). vacuum cleaner.
aspirina NOUN (f). aspirin.
asqueroso ADJECTIVE. disgusting, revolting, gross.
astilla NOUN (f). splinter, chip.
astronauta NOUN (m). astronaut.
asturiano ADJECTIVE. from Asturias.
asumir VERB. to assume, take on.
asustar VERB. to frighten.
atacar VERB. to attack.
atardecer NOUN (m). evening, dusk.
atascarse R. VERB. to get blocked.
atasco NOUN (m). traffic jam.
atención NOUN (f). attention.
atención al usuario PHRASE. customer care.
atender VERB. to attend to, look after.
atentado terrorista NOUN (m). terrorist attack.
atentamente ADVERB. sincerely.
atento ADJECTIVE. polite, attentive.
aterrizar VERB. to land.
atmosférico ADJECTIVE. atmospheric.
atmósfera NOUN (f). atmosphere.
atraco NOUN (m). armed robbery.
atractivo ADJECTIVE. attractive.
atraer VERB. to attract.
atrapado ADJECTIVE. caught.
atravesar VERB. to cross, to go across.
atreverse R. VERB. to dare.
atributo NOUN (m). attribute, quality.
Atte. ABBREV. atentamente. [commonly used as part of the signature in letters and e-mails in Spanish speaking countries]

atún NOUN (m). tuna.
audición NOUN (f). listening comprehension.
audiencia NOUN (f). audience.
augurio NOUN (m). omen, augury.
aula NOUN (f). classroom.
aumento NOUN (m). rise.
aunque CONJUNCTION. although.
auricular NOUN (m). earpiece, headphone.
ausencia NOUN (f). absence.
Australia PROPER NOUN. Australia.
autobiografía NOUN (f). autobiography.
autobús NOUN (m). bus.
autocar NOUN (m). bus, coach.
autoestima NOUN (f). self-esteem.
autoestop NOUN (m). hitch-hiking.
autoevaluación NOUN (f). self-evaluation.
automóvil NOUN (m). car.
autor NOUN (m). author.
autógrafo NOUN (m). autograph.
aún ADVERB. yet.
aún no ADVERB. not yet.
aúpa EXCLAMATION. up, get up.
avance NOUN (m). advance.
avanzar VERB. to advance.
avaro ADJECTIVE. mean, miserly.
ave NOUN (f). bird.
avenida NOUN (f). avenue.
aventura NOUN (f). adventure.
aventurero NOUN (m). adventurer.
averiguar VERB. to guess, find out.
avinagrarse R. VERB. to turn sour, embitter.
avión NOUN (m). airplane.
avisar VERB. to warn, to inform.
ay EXCLAMATION. ay. [expresses pain, sorrow, or surprise]
ayer ADVERB. yesterday.
ayuda NOUN (f). help.
ayudar VERB. to help.
ayuntamiento NOUN (m). town hall.
ay, caramba EXCLAMATION. oh my gosh.
azafata NOUN (f). flight attendant.
azotar VERB. whip, flog.
azteca ADJECTIVE. Aztec.
azul ADJECTIVE. blue.
azúcar NOUN (m). sugar.
azúcar de caña NOUN (m). sugar cane.
a. de J.C. ABBREV. BC (Before Christ).
a. m. ABBREV. a.m.

B - b

bacalao NOUN (m). cod.
bachillerato NOUN (m). high school, high school diploma.
bah EXCLAMATION. indicates disdain or unbelief.
bailar VERB. to dance.

bailarín NOUN (m). dancer.
baile NOUN (m). dance.
bajar VERB. to get off (a bus, etc.), to go down, to descend.
bajo cero PHRASE. below zero.
balcón NOUN (m). balcony.
ballet NOUN (m). ballet.
balneario NOUN (m). spa.
baloncesto NOUN (m). basketball.
balón NOUN (m). ball.
banco NOUN (m). bank.
bañarse R. VERB. to go for a swim, to bathe.
bañera NOUN (f). bath (tub).
bañista NOUN (m). bather.
baño de sol NOUN (m). sunbath.
bar NOUN (m). bar.
baraja NOUN (f). deck (of cards).
barato ADJECTIVE. cheap.
barba NOUN (f). beard.
barbaridad EXCLAMATION. incredible, unbelievable.
barbilla NOUN (f). chin.
barco NOUN (m). boat.
barco de vapor NOUN (m). steam boat.
barquillo NOUN (m). wafer, cornet.
barrer VERB. to sweep.
barriga NOUN (f). belly.
barrio NOUN (m). neighborhood, quarter, suburb.
basarse R. VERB. to be based on.
basta EXCLAMATION. enough.
bastante ADJECTIVE. enough, quite a bit.
bastar VERB. to be enough.
basto ADJECTIVE. coarse.
bastón NOUN (m). stick.
basura NOUN (f). rubbish, garbage.
batalla NOUN (f). battle.
batería NOUN (f). battery.
batidora NOUN (f). mixer, blender, liquidizer.
bautizar VERB. to baptize, christen.
básico ADJECTIVE. basic.
BCN ABBREV. Barcelona.
BCN ABBREV. Baja California Norte. [Mexican state]
beber VERB. to drink.
bebida NOUN (f). drink.
beicon NOUN (m). bacon.
Belladurmiente PROPER NOUN. Sleeping Beauty.
Bellas Artes PROPER NOUN. Fine Arts.
belleza NOUN (f). beauty.
bendecir VERB. to bless.
beneficiar VERB. to benefit from.
besar VERB. to kiss.
beso NOUN (m). kiss.
Bélgica NOUN (f). Belgium.
bélico ADJECTIVE. warlike.
biblia NOUN (f). bible.
biblioteca NOUN (f). library.
bicicleta NOUN (f). bicycle.
BID ABBREV. Inter-American Development Bank. [Banco Interamericano de Desarrollo]
bien ADVERB. well, good.
bienvenida EXCLAMATION. welcome (to a female).
bienvenido EXCLAMATION. welcome (to a male).
bigote NOUN (m). moustache.
bikini NOUN (m). bikini.

bilingüe ADJECTIVE. bilingual.
billar NOUN (m). billiards, pool.
billete NOUN (m). ticket.
biografía NOUN (f). biography.
biombo NOUN (m). folding screen.
biosfera NOUN (f). biosphere.
bisagra NOUN (f). hinge.
bisnieto NOUN (m). great-grandson.
Blancanieves PROPER NOUN. Snow White.
blanco ADJECTIVE. white.
blando ADJECTIVE. soft.
blusa NOUN (f). blouse.
BM ABBREV. World Bank. [Banco Mundial]
bobo ADJECTIVE. silly, dumb, naïve, stupid.
boca NOUN (f). mouth.
boca del metro NOUN (f). metro entrance.
bocacalle NOUN (f). side street.
bocadillo NOUN (m). sandwich.
boda NOUN (f). wedding.
boina NOUN (f). beret.
boletín NOUN (m). bulletin.
Bolivia PROPER NOUN. Bolivia.
bolígrafo NOUN (m). pen.
bollo NOUN (m). roll (bread), bun (bread).
bolsa NOUN (f). bag.
bolsa de aseo NOUN (f). toiletry bag.
bolsillo NOUN (m). pocket.
bolso NOUN (m). handbag.
bombero NOUN (m). fireman.
bombón NOUN (m). sweet, candy.
bonito ADJECTIVE. pretty, nice.
bono NOUN (m). voucher, bond, bonus.
borrador NOUN (m). rubber, eraser.
borrar VERB. erase.
bosque NOUN (m). forest.
bota NOUN (f). boots.
botella NOUN (f). bottle.
botijo NOUN (m). earthenware jar.
botiquín NOUN (m). first-aid kit.
botón NOUN (m). button.
bpd ABBREV. barrels per day. [barriles por día]
brasa NOUN (f). ember, hot coal, coal oven.
Brasil PROPER NOUN. Brazil.
bravo EXCLAMATION. well done, good show. [in general use]
brazo NOUN (m). arm.
breve ADJECTIVE. short.
bricolaje NOUN (m). do-it-yourself.
brillar VERB. to shine.
brindar VERB. to raise one's glass, to toast.
brocha NOUN (f). brush.
broma NOUN (f). joke.
bronceado ADJECTIVE. browned, tanned, bronzed.
broncearse R. VERB. to get a suntan, to tan oneself.
bronquitis NOUN (f). bronchitis.
brote NOUN (m). outbreak, shoot (plant).
bruja NOUN (f). witch.
brusco ADJECTIVE. rude, rough.
brújula NOUN (f). compass.
BS ABBREV. Baja California Sur. [Mexican state]
Bs.As. ABBREV. Buenos Aires.

buen apetito EXCLAMATION. enjoy your meal, bon appetit.
buen provecho EXCLAMATION. enjoy your meal, bon appetit.
buen provecho EXCLAMATION. have a nice meal.
buenas noches EXCLAMATION. good night.
buenas noches EXCLAMATION. good evening.
buenas tardes EXCLAMATION. good evening, good afternoon.
buenas tardes EXCLAMATION. good afternoon, evening.
bueno EXCLAMATION. expression used when answering the phone. [interrogatively, Mexico]
bueno ADJECTIVE. good.
buenos días EXCLAMATION. good day, good morning.
buenos días EXCLAMATION. good morning.
bueno... EXCLAMATION. well... [used at the start of a phrase]
buf EXCLAMATION. expresses unpleasantness.
bufanda NOUN (f). scarf.
bullicioso ADJECTIVE. loud.
bulto NOUN (m). bag, package, bundle, bulge, lump.
buque NOUN (m). ship, vessel.
Burdeos PROPER NOUN. Bordeaux.
burro NOUN (m). donkey, burro.
buscar VERB. to search.
butaca NOUN (f). armchair, easy chair, seat (e.g. cinema).
buzón NOUN (m). mailbox, post-box.

C - c

ca EXCLAMATION. oh no. [- Spain]
CA ABBREV. AC, alternating current. [corriente alterna]
cabalgata NOUN (f). cavalcade, procession.
caballería NOUN (f). cavalry.
caballero NOUN (m). Sir, gentleman.
caballete NOUN (m). table bracket, stool.
caballo NOUN (m). horse.
caber VERB. to fit.
cabeza NOUN (f). head.
cabina NOUN (f). phonebooth.
cable NOUN (m). cable.
cacharros NOUN (m). crockery, junk.
cachas ADJECTIVE. strong, muscled.
cada ADJECTIVE. every.
cadena NOUN (f). chain.
cadera NOUN (f). hips.
caer VERB. to fall.
caer simpático VERB. to be liked.
cafetera NOUN (f). coffee machine, coffee pot.
café NOUN (m). coffee, café.

café con leche NOUN (m). white coffee.
café solo NOUN (m). espresso.
cagada NOUN (f). bad mistake (literally excrement).
caída NOUN (f). fall.
caída del muro NOUN (f). fall of the (Berlin) wall.
caja NOUN (f). box.
cajera NOUN (f). check out girl, cashier.
cajero automático NOUN (m). ATM, cash-point.
cajonera NOUN (f). chest of drawers.
cajón NOUN (m). drawer.
calabacín NOUN (m). zucchini, courgette.
calabaza NOUN (f). pumpkin, gourd, squash.
calamar NOUN (m). calamari, squid.
calcetín NOUN (m). sock.
calcular VERB. to calculate.
calefacción NOUN (f). heating.
calendario NOUN (m). calendar.
calidad NOUN (f). quality.
caliente ADJECTIVE. hot.
calificar VERB. to rate, qualify.
California PROPER NOUN. California.
caligrafía NOUN (f). calligraphy.
callado ADJECTIVE. quiet, silent.
callarse R. VERB. to shut up, stop talking.
calle NOUN (f). street.
calma NOUN (f). calm.
calmante NOUN (m). sedative, painkiller, tranquilizer.
calor NOUN (m). heat.
caluroso ADJECTIVE. hot.
calvo ADJECTIVE. bald.
calzado NOUN (m). footwear.
calzoncillos NOUN (m). underwear.
cama NOUN (f). bed.
camarero NOUN (m). waiter.
cambiar VERB. to change.
cambiar de aires VERB. to have a change (of scene).
cambiarse R. VERB. to get changed, to change.
cambio NOUN (m). change.
camilla NOUN (f). stretcher, gurney.
camino NOUN (m). road, track, path, route, way.
Camino de Santiago PROPER NOUN. Way of St. James.
camión NOUN (m). truck, lorry.
camisa NOUN (f). shirt.
camiseta NOUN (f). t-shirt, undershirt.
camisón NOUN (m). nightdress, night-shirt.
campeonato NOUN (m). championship.
campesino NOUN (m). peasant, farmer.
camping NOUN (m). camp ground.
campo NOUN (m). field (sports).
Canadá PROPER NOUN. Canada.
canal NOUN (m). channel, canal.
canapé NOUN (m). canapé.
canción NOUN (f). song.
candidato NOUN (m). candidate.
candil NOUN (m). candle.

canguro NOUN (m)(f). kangaroo, babysitter.
caniche NOUN (m). poodle.
canoso ADJECTIVE. (to have) grey hair.
cansado ADJECTIVE. tiring, tired.
cantar VERB. to sing.
cantautor NOUN (m). singer-songwriter.
cantidad NOUN (f). amount.
canto NOUN (m). song, singing.
caña NOUN (f). draft beer (small).
capa NOUN (f). layer.
capacidad NOUN (f). capacity.
capaz ADJECTIVE. capable.
Caperucita Roja PROPER NOUN. Little Red Riding Hood.
capilla NOUN (f). chapel, church.
capital NOUN (f). capital.
capricho NOUN (m). craving, treat.
caprichoso ADJECTIVE. capricious, spoiled.
captar la atención VERB PHRASE. to grab someone's attention.
captura NOUN (f). capture.
cara NOUN (f). face.
cara (moneda) NOUN (f). heads (coin).
caracol NOUN (m). snail.
características NOUN (f). characteristics.
carajo EXCLAMATION. damn. [South America, Northwestern Spain]
caramba EXCLAMATION. good grief. [expression of shock, suprise or anger]
caramelo NOUN (m). sweet, candy.
caray EXCLAMATION. good heavens. [expresses disgust, surprise, astonishment]
carácter NOUN (m). character.
cargador NOUN (m). charger.
cargar VERB. to charge.
cargo NOUN (m). charge, position, job, responsibility.
Caribe PROPER NOUN. Caribbean.
cariñoso ADJECTIVE. affectionate.
carnaval NOUN (m). carnival.
carne NOUN (f). meat.
carné de conducir NOUN (m). driving licence.
carnicería NOUN (f). butchers.
caro ADJECTIVE. expensive.
carpa NOUN (f). tent, marquee.
carpeta NOUN (f). file, folder, binder, portfolio.
carrera NOUN (f). studies, degree, career.
carretera NOUN (f). road.
carril NOUN (m). lane.
carro NOUN (m). trolley, carriage.
carroza NOUN (f). carriage.
carta NOUN (f). letter.
cartas NOUN (f). cards.
cartel NOUN (m). poster.
cartera NOUN (f). wallet, billfold, satchel.
cartero NOUN (m). mailman, postman.
cartón NOUN (m). cardboard box, cardboard.
cartulina NOUN (f). cardboard.
casa NOUN (f). house.

casado ADJECTIVE. married.
casamentero NOUN (m). matchmaker.
casamiento NOUN (m). wedding, marriage.
casarse R. VERB. to get married.
cascarrabias NOUN (m)(f). grumpy person.
casco NOUN (m). helmet.
casi ADVERB. nearly.
casi nunca ADVERB. almost never.
casi siempre ADVERB. almost always.
castellano-leonés ADJECTIVE. from Castile-Leon.
castigo NOUN (m). punishment.
castillo NOUN (m). castle.
castizo ADJECTIVE. pure, authentic.
casualidad NOUN (f). coincidence.
catalán ADJECTIVE. Catalan.
catálogo NOUN (m). brochure.
catedral NOUN (f). cathedral.
categoría NOUN (f). category.
catolicismo NOUN (m). catholisicm.
catorce NUMBER. fourteen.
católico ADJECTIVE. catholic.
caudillo NOUN (m). leader.
causa NOUN (f). reason.
caverna NOUN (f). cave, cavern.
cayo NOUN (m). quay or key (small island).
cazador NOUN (m). hunter.
cálido ADJECTIVE. warm.
cállate EXCLAMATION. shut up.
cámara NOUN (f). camera.
cámara de video NOUN (f). video camera.
cántabro ADJECTIVE. from Cantabria.
cebolla NOUN (f). onion.
celador NOUN (f). attendant, monitor.
celebrar VERB. celebrate.
celo NOUN (m). jealousy.
cena NOUN (f). dinner.
cenar VERB. to have dinner.
Cenicienta PROPER NOUN. Cinderella.
centenar VERB. centenary, hundred.
centro NOUN (m). center, centre.
centro educativo NOUN (m). school.
cepillo de dientes NOUN (m). tooth brush.
cerca PREPOSITION. close to.
cercano ADJECTIVE. nearby.
cerda NOUN (f). bristle.
cerdo NOUN (m). pig, pork.
ceremonia NOUN (f). ceremony.
cero NUMBER. zero.
cero NOUN (m). zero.
cerrado ADJECTIVE. closed.
cerrar VERB. to close, to shut.
cerro NOUN (m). hill.
certamen NOUN (m). contest, exam.
cerveza NOUN (f). beer.
cesar VERB. to stop, cease.
cesta NOUN (f). basket.
cesto de ropa sucia NOUN (m). laundry basket.
céntimo NOUN (m). cent.
CF ABBREV. FC, Football Club.

CH ABBREV. Chihuahua. [Mexican state]
chale EXCLAMATION. "no" intensified. [similar to "hell no" or "yeah right" - U.S., slang]
chaleco salvavidas NOUN (m). lifejacket.
chalé NOUN (m). chalet, villa.
champú NOUN (m). shampoo.
chaqueta NOUN (f). jacket.
charcutería NOUN (f). cold cuts.
charlar VERB. to chat.
chata NOUN (f). young girl (slang).
chatear VERB. to chat.
chau EXCLAMATION. bye, goodbye. [Latin America]
che EXCLAMATION. hey. [Argentine, Uruguay, Bolivia, Paraguay]
checo ADJECTIVE. Czech.
chica NOUN (f). girl.
chico NOUN (m). boy.
chileno ADJECTIVE. from Chile.
chimenea NOUN (f). fireplace, chimney.
China PROPER NOUN. China.
chino ADJECTIVE. Chinese.
chito EXCLAMATION. shh, hush, silence.
chocolate NOUN (m). chocolate.
chollo NOUN (m). bargain.
chorizo NOUN (m). paprika sausage.
chucha EXCLAMATION. damn.
chuleta NOUN (f). chop.
churro NOUN (m). churro (type of fried dough).
CI ABBREV. Coahuila. [Mexican state]
cibercafé NOUN (m). internet café.
ciclo NOUN (m). cycle.
ciego ADJECTIVE. blind.
cielo NOUN (m). sky.
ciencia ficción NOUN (f). science fiction.
Ciencias Políticas PROPER NOUN. Politics.
científico NOUN (m). scientific.
cierto ADJECTIVE. true, certain.
cierzo NOUN (m). north wind.
cifrar VERB. to value.
cigarro NOUN (m). cigar.
cinco NUMBER. five.
cincuenta NUMBER. fifty.
cine NOUN (m). cinema, movie theater.
cinematografía NOUN (f). cinematography.
cinta NOUN (f). tape.
cintura NOUN (f). waist.
cinturón NOUN (m). belt.
circular VERB. to circulate.
circunstancia NOUN (f). circumstance.
cirujano NOUN (m). surgeon.
cita NOUN (f). date, appointment.
cita a ciegas NOUN (f). blind date.
ciudad NOUN (f). city.
ciudadano NOUN (m). citizen.
ciudadano NOUN (m). citizen.
civil ADJECTIVE. civil.
civilización NOUN (f). civilization.
círculo NOUN (m). circle.
CL ABBREV. Colima. [Mexican state]
claridad NOUN (f). clarity.

claro ADJECTIVE. clear.
clase NOUN (f). class.
clasificar VERB. to classify.
clausurar VERB. to close.
clavar VERB. to stab.
clave NOUN (f). key (concept), code, password.
clavo NOUN (m). nail, clove.
clásico ADJECTIVE. classic.
cliché NOUN (m). cliché.
cliente NOUN (m). client.
clima NOUN (m). climate.
climatología NOUN (f). climatology.
clonación NOUN (f). cloning.
club náutico NOUN (m). sailing club.
CM ABBREV. Campeche. [Mexican state]
cobrar VERB. to charge, to earn.
cobre NOUN (m). copper.
coche NOUN (m). car.
coche cama NOUN (m). sleeping car.
cocido NOUN (m). stew.
cocina NOUN (f). kitchen.
cocinar VERB. to cook.
codo NOUN (m). elbow.
coger VERB. to take.
cogidos de la mano ADJECTIVE. holding hands.
coherencia NOUN (f). coherence.
cohesión NOUN (f). cohesion.
coincidir VERB. to coincide.
cojo ADJECTIVE. lame.
cojonudo EXCLAMATION. great, brilliant, ballsy. [vulgar, Spain]
cola NOUN (f). line, queue.
colección NOUN (f). collection.
colectivo NOUN (m). collective.
colega NOUN (m)(f). colleague.
colegiado NOUN (m). collegiate.
colegio NOUN (m). school.
coleta NOUN (f). ponytail.
colgante NOUN (m). pendant.
colgar VERB. to hang up.
coliflor NOUN (m). cauliflower.
colocar VERB. to place.
Colombia PROPER NOUN. Columbia.
colonel NOUN (m). colonel.
colonia NOUN (f). cologne, perfume.
color NOUN (m). colour.
columna NOUN (f). column.
coma NOUN (f). comma.
combate NOUN (m). combat, fight.
combatir VERB. to fight.
combinar VERB. to combine.
combustible NOUN (m). fuel.
comedor NOUN (m). dining room.
comensal NOUN (m)(f). diner, dinner guest.
comentario NOUN (m). comment.
comenzar VERB. to start.
comer VERB. to eat.
comercial ADJECTIVE. commercial.
comercio NOUN (m). commerce.
cometer VERB. to commit.
comida NOUN (f). food.
comillas NOUN (f). inverted commas.
comilón NOUN (m). big eater.
comisaría NOUN (f). police station.
como ADVERB. as, like.

como quiera EXCLAMATION. as you wish.
comodidad NOUN (f). comfort.
compaginar VERB. to juggle (jobs, lifestyles).
compañero NOUN (m). classmate, colleague, companion.
compañía aérea NOUN (f). airline.
comparar VERB. to compare.
comparativo NOUN (m). comparative.
comparecencia NOUN (f). appearance.
compartir VERB. to share.
competencia NOUN (f). competition.
complacer VERB. to please.
complementos NOUN (m). accessories.
completamente ADVERB. completely.
completar VERB. to complete, fill in.
complicado ADJECTIVE. complicated.
componer VERB. to compose.
componerse R. VERB. to get better, recover.
comportamiento NOUN (m). behavior.
comportarse R. VERB. to behave.
compra NOUN (f). purchase.
comprar VERB. to buy.
comprender VERB. to understand.
comprensión NOUN (f). understanding.
comprobar VERB. to check.
comprometerse R. VERB. to commit to.
compromiso NOUN (m). commitment.
compulsivo ADJECTIVE. compulsive.
comunicar VERB. to reveal, to communicate.
comunicativo ADJECTIVE. communicative.
comunidad NOUN (f). community.
Comunidad Autónoma PROPER NOUN. autonomous region.
comunista NOUN (m)(f). communist.
con PREPOSITION. with.
conceder VERB. to concede.
concejal NOUN (m)(f). city counselor, councilman.
concentración NOUN (f). concentration.
concentrarse R. VERB. to concentrate.
concepto NOUN (m). concept.
concierto NOUN (m). concert.
concluir VERB. to conclude, end up.
conclusión NOUN (f). conclusion.
concordancia NOUN (f). agreement.
concordar VERB. to agree.
concurso NOUN (m). contest.
concurso de belleza NOUN (m). beauty contest.

condesa NOUN (f). countess.
condición NOUN (f). condition.
conducir VERB. to drive.
conducta NOUN (f). behavior.
conductor NOUN (m). driver.
conectar VERB. to connect.
conector NOUN (m). connector.
confeccionado ADJECTIVE. made (sewn).
confeccionar VERB. to make (sewing).
conferencia NOUN (f). presentation, conference.
Conferencia Episcopal PROPER NOUN. Episcopal Chapter.
confesión NOUN (f). confession.
confianza NOUN (f). trust, confidence.
confirmación NOUN (f). confirmation.
confirmar VERB. to confirm.
conflictivo ADJECTIVE. conflictive.
conflicto NOUN (m). conflict.
conforme EXCLAMATION. roger that.
conformidad NOUN (f). agreement.
confuso ADJECTIVE. confusing.
congelar VERB. to freeze.
congreso NOUN (m). conference.
conjetura NOUN (f). conjecture.
conjugación NOUN (f). conjugation.
conjunción NOUN (f). conjunction.
conjunto NOUN (m). set, whole.
conocer VERB. to know, be familiar with.
conocido ADJECTIVE. well known.
conocimiento NOUN (m). knowledge.
consagrar VERB. to establish oneself.
conseguir VERB. to obtain, to get.
consejero matrimonial NOUN (m). marriage counselor.
consejo NOUN (m). advice.
consentimiento NOUN (m). consent.
conservación NOUN (f). preservation, conservation.
conservar VERB. to preserve.
considerar VERB. to consider.
consistir en VERB. to be about.
consolar VERB. to console.
consorcio NOUN (m). consortium.
constantemente ADVERB. constantly.
constar VERB. to figure, be recorded.
constatar VERB. to verify, to confirm.
constipado ADJECTIVE. stuffy, stuffed up.
constitución NOUN (f). constitution.
construcción NOUN (f). construction.
construir VERB. to construct.
consuelo NOUN (m). consolation.
consulta NOUN (f). practice.
consultar VERB. to consult.

consultorio NOUN (m). doctor office, surgery, consultancy.
consumición NOUN (f). beverage.
consumir VERB. to consume.
consumista NOUN (m)(f). consumerist.
consumo NOUN (m). consumption.
contabilidad NOUN (f). accounting.
contacto NOUN (m). contact.
contaminación NOUN (f). contamination.
contaminante ADJECTIVE. polluting.
contar VERB. to count.
contemporáneo ADJECTIVE. contemporary.
contenedor NOUN (m). trash can, rubbish bin, container.
contener VERB. to contain.
contenido NOUN (m). content.
contento ADJECTIVE. happy.
contestador NOUN (m). answering machine.
contestar VERB. to answer.
contexto NOUN (m). context.
continuación NOUN (f). continuation.
continuar VERB. to continue.
contorno NOUN (m). outline.
contracción NOUN (f). contraction.
contractura NOUN (f). contracture.
contraer VERB. to contract.
contraer matrimonio VERB PHRASE. to get married.
contraer una enfermedad VERB PHRASE. to catch a disease, get ill.
contrario NOUN (m). opponent, rival.
contrastar VERB. to compare, to contrast with.
contraste NOUN (m). contrast.
contratar VERB. to hire.
contratiempo NOUN (m). set-back, incident.
control NOUN (m). control.
controlar VERB. to control.
convalecencia NOUN (f). convalescence.
convencer VERB. to convince.
convencionalismo NOUN (m). traditionalism.
conveniente ADJECTIVE. convenient, advisable.
convenir VERB. to suit.
convento NOUN (m). monastery, convent, nunnery.
conversación NOUN (f). conversation.
convertir VERB. to convert.
convertirse R. VERB. to become.
convivencia NOUN (f). co-existence.
convivir VERB. to live together.
convocar VERB. to call together.
convocatoria NOUN (f). examination, call to a meeting.
coñac NOUN (m). cognac.
coño EXCLAMATION. damn. [slang, vulgar]
coordinar VERB. to coordinate.
copa NOUN (f). drink.

copeo NOUN (m). drinking (alcohol).
copia NOUN (f). copy.
corazón NOUN (m). heart.
corbata NOUN (f). tie.
corcho NOUN (m). cork.
cordero NOUN (m). lamb.
coro NOUN (m). choir.
corona NOUN (f). crown.
coronel NOUN (m). colonel.
corporal ADJECTIVE. corporal.
corrección NOUN (f). correction.
correcto ADJECTIVE. correct.
corregir VERB. to correct.
correo NOUN (m). post office.
correo electrónico NOUN (m). email.
correr VERB. to run.
corresponder VERB. to correspond.
correspondiente ADJECTIVE. corresponding.
corrida de toros NOUN (f). bullfight.
corrupto ADJECTIVE. corrupt.
cortar VERB. to cut.
cortarse R. VERB. to cut oneself, to be embarrassed.
cortesía NOUN (f). courtesy.
cortijo NOUN (m). country estate.
cortina NOUN (f). curtain.
corto ADJECTIVE. short.
cosa NOUN (f). thing.
cosecha NOUN (f). harvest.
costa NOUN (f). coast.
costar VERB. to cost.
costumbre NOUN (f). custom.
cotidiano ADJECTIVE. everyday.
cotilla NOUN (f). gossip(y).
cotilleo NOUN (m). gossip.
código postal NOUN (m). postal code.
cómoda NOUN (f). chest of drawers.
cómodo ADJECTIVE. comfortable.
cómplice NOUN (m)(f). accomplice.
cónsul NOUN (m). consul.
creación NOUN (f). creation.
creador NOUN (m). creator.
crear VERB. to create.
crecer VERB. to grow.
creciente VERB. growing.
creer VERB. to think, believe.
crepúsculo NOUN (m). dawn.
cretino NOUN (m). cretin.
crédito NOUN (m). credit.
crédulo ADJECTIVE. gullible.
crimen NOUN (m). crime.
criminalidad NOUN (f). crime.
crisis NOUN (f). crisis.
cristal NOUN (m). glass.
cronológicamente ADVERB. chronologically.
crónico ADJECTIVE. chronic.
crucifijo NOUN (m). crucifix.
crucigrama NOUN (m). crossword.
crudo ADJECTIVE. crude, raw.
cruz (moneda) NOUN (f). tails (coin).
cruzar VERB. to cross.
cs ABBREV. teaspoons, tsp. [cucharadas]
CS ABBREV. Chiapas. [Mexican state]
cuaderno NOUN (m). notebook.

cuadrangular ADJECTIVE. quadrangular.
cuadrangular NOUN (m). home run (baseball).
cuadro NOUN (m). scheme.
cualidad NOUN (f). quality, skill.
cualificado ADJECTIVE. qualified.
cualquier ADJECTIVE. any.
cuando CONJUNCTION. when.
cuarenta NUMBER. forty.
cuartel NOUN (m). barracks.
cuarto ADJECTIVE. fourth.
cuarto NOUN (m). quarter.
cuarto de baño NOUN (m). bathroom.
cuarto de estar NOUN (m). living room.
cuatro NUMBER. four.
Cuba PROPER NOUN. Cuba.
cubano ADJECTIVE. Cuban.
cubata NOUN (f). long drink.
cubertería . NOUN (f). cutlery.
cubrir VERB. to cover.
cucharada NOUN (f). spoonful.
cuchillo NOUN (m). knife.
cuello NOUN (m). neck.
cuentacuentos NOUN (m). story-teller.
cuentas NOUN (f). sums, account.
cuentista NOUN (m). exaggerator.
cuento NOUN (m). story.
cuerda NOUN (f). string, cord.
cuero NOUN (m). leather.
cuerpo NOUN (m). body.
cuerpo celeste NOUN (m). celestial body.
cuervo NOUN (m). crow.
cuestionario NOUN (m). questionnaire.
cuestión NOUN (f). question.
cueva NOUN (f). cave.
cuidado NOUN (m). care.
cuidador NOUN (m). caregiver, caretaker, keeper.
cuidar VERB. to look after.
cuidarse R. VERB. to look after oneself.
culo NOUN (m). behind, bottom.
culpable ADJECTIVE. guilty.
cultivar VERB. to grow.
culto ADJECTIVE. cultured.
cultura NOUN (f). culture.
cultural ADJECTIVE. cultural.
culturalmente ADVERB. culturally.
cumpleaños NOUN (m). birthday.
cumplido NOUN (m). compliment.
cumplir VERB. to carry out, fulfil.
cumplir años VERB. to have one's birthday.
cuneta NOUN (f). verge, ditch.
cuñado NOUN (m). brother-in-law.
cura NOUN (m). priest, remedy, cure.
curiosidad NOUN (f). curiosity.
curioso ADJECTIVE. curious, inquisitive, strange, odd.
curriculum vitae NOUN (m). CV.
curro NOUN (m). work (slang).
cursar VERB. to study.
cursi ADJECTIVE. corny, sappy, tacky, affected.
curso NOUN (m). course.
cutis NOUN (m). skin (face).

D - d

daca EXCLAMATION. give it here.
dama NOUN (f). lady.
dama de honor NOUN (f). bridesmaid.
danés ADJECTIVE. Danish.
danza del vientre NOUN (f). belly dancing.
daño NOUN (m). harm.
dar VERB. to give.
dar importancia a VERB PHRASE. to give importance to.
dar instrucciones VERB PHRASE. to give instructions.
dar las gracias VERB PHRASE. to thank someone.
dar una vuelta VERB PHRASE. to go for a walk, drive.
darse cuenta R. VERB. to realise, to notice.
darse un homenaje R. VERB. to give oneself a treat.
dato NOUN (m). date, fact.
dársena NOUN (f). dock, basin.
de cine EXCLAMATION. great!
de habla hispana ADJECTIVE. Spanish speaking.
de maravilla ADVERB. marvellous(ly).
de miedo EXCLAMATION. great!
de nada EXCLAMATION. think nothing of it, you're welcome, don't mention it.
de pena ADVERB. very ill, bad(ly).
de repente ADVERB. suddenly.
de vicio EXCLAMATION. wicked! (ie: great!)
debajo PREPOSITION. underneath.
deber VERB. should.
deberes NOUN (m). homework, chores.
debido a PHRASE. because, due to.
debut NOUN (m). debut.
decenas ADJECTIVE. dozens.
decepción NOUN (f). disappointment.
decidir VERB. to decide.
decir VERB. to say.
decisión NOUN (f). decision.
declarar VERB. to declare.
decorado NOUN (m). stage setting.
decorar VERB. to decorate.
dedicar VERB. to dedicate.
dedo NOUN (m). finger.
deducir VERB. to deduce.
defectuoso ADJECTIVE. defective.
defender VERB. to defend.
definir VERB. to define.
degustar VERB. to taste, try.
dejar VERB. to leave.
dejar en paz VERB. to leave alone.
dejar paso VERB. to let someone by.
delantal NOUN (m). apron.
delante PREPOSITION. in front of.

deletrear VERB. to spell.
delgado ADJECTIVE. thin, slim.
delito NOUN (m). misdemeanour, offence.
demasiado ADJECTIVE. too much.
democráticamente ADVERB. democratically.
demonio NOUN (m). devil, demon.
demostrativo NOUN (m). demonstrative pronoun.
denegar VERB. to reject.
dentista NOUN (m). dentist.
dentro PREPOSITION. inside.
denuncia NOUN (f). police report.
denunciante NOUN (m)(f). accuser.
departamento NOUN (m). department.
depender VERB. to depend.
depender de algo VERB. to depend on something.
dependiente NOUN (m). shop assistant.
deporte NOUN (m). sport.
deportista NOUN (m)(f). sportsman/sportswoman.
deportivo ADJECTIVE. sporty.
depósito NOUN (m). deposit.
deprimido ADJECTIVE. depressed.
deprisa ADVERB. fast.
derecha ADJECTIVE. right.
derecho NOUN (m). right, law.
derecho a voto NOUN (m). right to vote.
derivar VERB. to derive from.
derrame NOUN (m). hemorrhage.
derrochador ADJECTIVE. spendthrift, wasteful.
desabrocharse el cinturón VERB PHRASE. to unfasten your seatbelt.
desacuerdo NOUN (m). disagreement.
desagradable ADJECTIVE. unpleasant.
desaparecer VERB. to disappear.
desaparecido ADJECTIVE. disappeared, missing.
desarollar VERB. to develop.
desastre NOUN (m). disaster.
desastroso ADJECTIVE. disastrous.
desayunar VERB. to have breakfast.
desayuno NOUN (m). breakfast.
descalzar VERB. to take off one's shoes.
descansar VERB. to relax.
descapotable NOUN (m). convertible (car).
descolgar VERB. to take the phone off the hook.
desconectar VERB. to disconnect.
desconocer VERB. to not know.
desconocido ADJECTIVE. unknown.
descortés ADJECTIVE. rude, discourteous.
describir VERB. to describe.
descripción NOUN (f). description.
descubrimiento NOUN (m). discovery.

descubrir VERB. to discover.
descuento NOUN (m). discount.
desde aquí PHRASE. from here.
desde luego PHRASE. well, of course.
desde...hasta PHRASE. from…to.
desear VERB. to wish.
desechar VERB. to discard, throw away.
desempeñar VERB. to play (a role).
desempeño NOUN (m). carrying out, fulfilment.
desenvolverse R. VERB. to manage, cope.
deseo NOUN (m). wish.
desesperado ADJECTIVE. desperate.
desfile NOUN (m). parade, fashion show.
desgracia NOUN (f). misfortune.
desgraciado ADJECTIVE. unfortunate.
deshacer VERB. to un-do.
desierto NOUN (m). desert.
desigualdad NOUN (f). inequality.
desilusión NOUN (f). let down.
desinfectar VERB. to disinfect.
desinterés NOUN (m). lack of interest.
deslumbrar VERB. to overwhelm.
desmentir VERB. to deny.
desnudarse R. VERB. to remove one's clothes.
desordenado ADJECTIVE. untidy.
desorganizado ADJECTIVE. disorganized.
despachar VERB. to sell, serve.
despacho NOUN (m). office.
despacio ADVERB. slowly.
despectivo ADJECTIVE. negative.
despedida de soltero NOUN (f). bachelor party.
despedirse R. VERB. to say good-bye.
despejado ADJECTIVE. unclouded.
despertador NOUN (m). alarm clock.
despertar VERB. to wake up, awaken.
despertarse R. VERB. to wake up (oneself).
despido NOUN (m). dismissal (from work).
despreciar VERB. to dislike, disrespect.
después ADVERB. later, afterwards.
destacar VERB. to highlight.
destinatario NOUN (m). receiver.
destino NOUN (m). destination, destiny.
destituir VERB. to demote someone.
destruir VERB. to destroy.
desvalorizarse R. VERB. to be, to get de-valued.
desventaja NOUN (f). disadvantage.
desventura NOUN (f). misfortune, bad luck.
detalladamente ADVERB. in detail.
detalle NOUN (m). detail.
detective NOUN (m)(f). detective.

detener VERB. detain.
deterioro NOUN (m). deterioration.
determinado ADJECTIVE. specific, certain.
detrás PREPOSITION. behind.
devolver VERB. to return.
débil ADJECTIVE. weak.
década NOUN (f). decade.
DF ABBREV. Federal District (like Washington D.C.) [Distrito Federal - Mexican federal district]
dial NOUN (m). dial.
diario NOUN (m). diary.
diálogo NOUN (m). dialogue.
dibujar VERB. to paint, to draw.
dibujo NOUN (m). drawing.
diccionario NOUN (m). dictionary.
diciembre NOUN (m). December.
dictado NOUN (m). dictation.
dictadura NOUN (f). dictatorship.
dictar VERB. dictate.
diecinueve NUMBER. nineteen.
dieciocho NUMBER. eighteen.
dieciséis NUMBER. sixteen.
diecisiete NUMBER. seventeen.
dieta NOUN (f). diet.
dietética NOUN (f). dietetics.
diez NUMBER. ten.
diferencia NOUN (f). difference.
diferenciarse R. VERB. to be different, to differ, to stand out.
diferente ADJECTIVE. different.
dificultad NOUN (f). difficulty.
difícil ADJECTIVE. difficult.
difunto NOUN (m)(f). deceased.
dignidad NOUN (f). dignity.
diminutivo NOUN (m). diminutive.
diminuto ADJECTIVE. diminutive, tiny.
dimisión NOUN (f). resignation.
Dinamarca PROPER NOUN. Denmark.
dinero NOUN (m). money.
dios NOUN (m). god.
dios mío EXCLAMATION. oh my god. [expression of shock or surprise]
diplomatura NOUN (f). diploma (in).
diplomático NOUN (m). diplomat.
diptongo NOUN (m). diphthong.
diputado NOUN (m). congressman, representative, member of parliament.
dirección NOUN (f). address.
directo ADJECTIVE. direct.
director NOUN (m). director.
director de cine NOUN (m). film director.
dirigente NOUN (m)(f). leader, manager.
disciplina NOUN (f). discipline.
discípulo NOUN (m). disciple.
disco NOUN (m). record, disk.
discoteca NOUN (f). discotheque.
discreto ADJECTIVE. discreet.
disculparse R. VERB. to apologize.
discurso NOUN (m). speech.
discutir VERB. to discuss.
diseñador NOUN (m). designer.
disfrazarse R. VERB. to dress up, disguise oneself.
disfrutar VERB. enjoy.
disgustar VERB. to dislike.
disparar VERB. to shoot.

disponibilidad NOUN (f). availability.
distancia NOUN (f). distance.
distinción NOUN (f). distinction.
distinto ADJECTIVE. different.
distribución NOUN (f). distribution.
distribuidor NOUN (m). distributor.
distribuir VERB. to distribute.
diversidad NOUN (f). diversity.
diversión NOUN (f). fun.
divertido ADJECTIVE. funny, enjoyable.
divertirse R. VERB. to have fun.
dividir VERB. to divide.
división NOUN (f). division.
divorciado ADJECTIVE. divorced.
divorciarse R. VERB. to get divorced.
divorcio NOUN (m). divorce.
día NOUN (m). day.
día y noche PHRASE. night and day.
dígame EXCLAMATION. hello.
dls ABBREV. dollars.
doblar VERB. to fold, bend (over).
doble ADJECTIVE. double.
doce NUMBER. twelve.
doctorado (en) NOUN (m). PHD (in).
documentación NOUN (f). identification.
documental NOUN (m). documentary.
documento NOUN (m). document.
doler VERB. to hurt.
dolor NOUN (m). pain.
doméstico ADJECTIVE. domestic.
domingo NOUN (m). Sunday.
dominio NOUN (m). domain, command.
don de gentes NOUN (m). to be good with people.
dormir VERB. to sleep.
dormitorio NOUN (m). bedroom.
dos NUMBER. two.
dos ADJECTIVE. two.
dos puntos NOUN (m). colon.
dosis NOUN (f). dose.
dólar NOUN (m). dollar.
dpto ABBREV. department. [departamento]
drama NOUN (m). drama.
droga NOUN (f). drug.
Drs. ABBREV. Drs. [short for Doctores]
Dr. ABBREV. Dr. [short for Doctor]
DU ABBREV. Durango. [Mexican state]
ducha NOUN (f). shower.
ducharse R. VERB. to have a shower.
duda NOUN (f). doubt.
dudar VERB. to doubt.
dueño NOUN (m). owner.
dulce NOUN (m). sweet.
duración NOUN (f). duration.
durante ADVERB. for, during.
durar VERB. to last.
duro ADJECTIVE. hard.
D. ABBREV. honorific title for a man (roughly equivalent to Sir). [Don]
D.N.I. NOUN (m). ID card.

E - e

ea EXCLAMATION. so, and so, now. [expressing resolution, preceding a willful resolution]
echar VERB. to put, to add.
echar un vistazo VERB PHRASE. to take a look at.
echarse la siesta VERB PHRASE. to have a nap, siesta.
ecologista NOUN (m)(f). ecologist.
ecológico ADJECTIVE. ecological.
economista NOUN (m)(f). economist.
economía NOUN (f). economy.
económicamente ADVERB. economically.
Económicas PROPER NOUN. Economics.
económico ADJECTIVE. economical.
edad NOUN (f). age.
edificio NOUN (m). building.
educación NOUN (f). education.
educar VERB. to educate.
educativo ADJECTIVE. educational.
efectivo ADJECTIVE. effective.
efervescente ADJECTIVE. effervescent, sparkling.
eficaz ADJECTIVE. efficient.
Egipto PROPER NOUN. Egypt.
egocéntrico NOUN (m). egocentric.
egoísta ADJECTIVE. selfish.
eh EXCLAMATION. hey. [used to call, draw attention, warn or reprehend]
ejecutivo NOUN (m). executive.
ejemplo NOUN (m). example.
ejercer VERB. to practice.
ejercer de VERB. to work as.
ejercicio NOUN (m). exercise.
elaboración NOUN (f). fabrication, making.
elaborar VERB. to develop, to make.
elecciones NOUN (f). elections.
elector NOUN (m). voter.
electricidad NOUN (f). electricity.
electrodoméstico NOUN (m). home appliance.
elegante ADJECTIVE. elegant.
elegir VERB. to choose.
elemento NOUN (m). element.
eléctrico ADJECTIVE. electric.
emanciparse R. VERB. to emancipate oneself, be emancipated.
embajada NOUN (f). embassy.
embajador NOUN (m). ambassador.
embalse NOUN (m). reservoir.
embarazo NOUN (m). pregnancy.
embarcación NOUN (f). boat.
emborracharse R. VERB. to get drunk.
emborronar VERB. to blot, scribble on, smudge.

embotellado ADJECTIVE. bottled.
embutido NOUN (m). cold cuts (pork derivatives).
emigrante NOUN (m)(f). emigrant.
emigrar VERB. emigrate.
emisión NOUN (f). broadcast.
emisora NOUN (f). radio station.
emisora de radio NOUN (f). radio station.
emocionado ADJECTIVE. excited, touched.
emocionante ADJECTIVE. exciting.
emoción NOUN (f). emotion.
empapado ADJECTIVE. soaked.
empeorar VERB. to get worse.
emperador NOUN (m). emperor.
empezar VERB. to begin.
empírico ADJECTIVE. empirical.
emplear VERB. to use.
empleo NOUN (m). job.
empresa NOUN (f). company.
Empresariales PROPER NOUN. business studies.
empresario NOUN (m). businessman.
empujón NOUN (m). push, shove.
en ayunas PHRASE. on an empty stomach, fasting.
en busca de PHRASE. looking for, in search of.
en cambio PHRASE. by contrast.
en común PHRASE. in common.
en concierto PHRASE. in concert.
en conclusión PHRASE. in conclusion.
en cuanto a PHRASE. regarding.
en definitiva PHRASE. to sum up.
en doble fila PHRASE. double parked.
en español PHRASE. in Spanish.
en gran medida ADVERB. largely.
en la actualidad ADVERB. today.
en la vida ADVERB. never in (my) whole life.
en negrita PHRASE. in bold.
en primer lugar ADVERB. firstly.
en principio ADVERB. generally, basically.
en punto ADVERB. on the dot.
en público ADVERB. in public.
en realidad ADVERB. actually.
en resumen PHRASE. to sum up.
en términos generales PHRASE. generally.
en total PHRASE. in total.
en tu lugar PHRASE. in your shoes.
enamorado ADJECTIVE. in love.
enamorarse R. VERB. to fall in love.
enano NOUN (m). dwarf.
encabezar VERB. to head, to lead.
encantado ADJECTIVE. delighted.
encantar VERB. to love, adore.
encanto NOUN (m). charm.
encargado NOUN (m). manager.
encargarse R. VERB. to take responsibility of/for.
encender VERB. to switch on, light.
enchufado ADJECTIVE. to have friends in high places, be connected.

enchufe NOUN (m). plug, wall socket.
encima PREPOSITION. over, above.
encontrar VERB. to find.
encontrarse de frente VERB PHRASE. come face to face.
encuentro NOUN (m). meeting.
encuesta NOUN (f). survey.
encuestador NOUN (m). pollster/interviewer.
endemoniado ADJECTIVE. possessed.
endurecer VERB. to harden.
energía solar NOUN (f). solar energy.
enero NOUN (m). January.
enésima vez NOUN (f). for the umpteenth time.
enfadado ADJECTIVE. angry.
enfadarse R. VERB. to get angry.
enfáticamente ADVERB. emphatically.
enfático ADJECTIVE. emphatic.
enfermedad NOUN (f). illness, sickness.
enfermo ADJECTIVE. ill, sick.
enfrentar VERB. to bring face to face, confront.
enfrente PREPOSITION. opposite, in front.
engañar VERB. to deceive, trick, fool, mislead, cheat on.
engreído ADJECTIVE. vain.
engrosar VERB. to thicken, to grow, to put on weight.
enhorabuena EXCLAMATION. congratulations. [Spain]

enhorabuena EXCLAMATION. congratulations.
enigma NOUN (m). mystery, enigma.
enjabonar VERB. to lather (soap).
enlace NOUN (m). wedding.
enloquecer VERB. to drive someone crazy.
enorme ADJECTIVE. enormous.
enredadera NOUN (f). creeper (vine).
enriquecer VERB. to enrich.
enriquecimiento NOUN (m). enrichment.
ensalada NOUN (f). salad.
enseguida ADVERB. immediately.
enseñanza NOUN (f). teaching.
enseñar VERB. to show, to teach.
ensoñación NOUN (f). day dream.
ensuciar VERB. to get something dirty.
entender VERB. to understand.
enterarse R. VERB. to find out.
entero ADJECTIVE. full, whole.
entierro NOUN (m). burial, funeral.
entonación NOUN (f). intonation.
entonar VERB. to get in tune.
entonces ADVERB. so, then.
entorno NOUN (m). surroundings.
entorno social NOUN (m). social circle.
entrada NOUN (f). ticket.
entrar VERB. to enter.
entre PREPOSITION. between.
entre amigos PHRASE. between friends.

entre semana PHRASE. during the week.
entrega de premios PHRASE. prize-giving.
entregar VERB. to hand in, over.
entremezclarse R. VERB. to mix up, to mingle with.
entrenar VERB. to train.
entretanto ADVERB. meanwhile.
entretenido ADJECTIVE. entertaining.
entrever VERB. to glimpse, catch sight of.
entrevista NOUN (f). interview.
entrevista de trabajo NOUN (f). job interview.
entrevistadora NOUN (f). interviewer.
entusiasmo NOUN (m). enthusiasm.
entusiasta ADJECTIVE. enthusiastic.
enumeración NOUN (f). numbering.
envase NOUN (m). container, packaging.
envejecer VERB. to grow old, age.
enviar VERB. to send.
envidiar VERB. to envy.
envío NOUN (m). sending.
envolver VERB. to wrap up.
epa EXCLAMATION. hey.
epígrafe NOUN (m). epigraph.
equipaje NOUN (m). luggage.
equipo NOUN (m). team.
equivaler NOUN (m). to be equivalent.
era virtual NOUN (f). virtual age.
erguido ADJECTIVE. erect, upright.
error NOUN (m). error.
erróneo ADJECTIVE. erroneous.
es que PHRASE. you see, well.
es su turno PHRASE. it is your turn.
escalar VERB. to climb.
escalera NOUN (f). stairs.
escalope NOUN (m). escalope.
escapar VERB. to escape.
escaparate NOUN (m). shop window.
escayolado ADJECTIVE. to be in a cast, be in plaster.
escena NOUN (f). scene.
escepticismo NOUN (m). sceptisism.
escéptico ADJECTIVE. sceptic.
esclavo NOUN (m). slave.
escoger VERB. to choose.
escolar ADJECTIVE. school.
esconder VERB. to hide.
escopeta NOUN (f). shotgun.
escribir VERB. to write.
escritor NOUN (m). writer.
escritorio NOUN (m). desk.
escuchar VERB. to listen.
escuela NOUN (f). school.
escuela pública NOUN (f). state school.
ese EXCLAMATION. hello. [Mexico, informal]
eslovaca ADJECTIVE. Slovakian.
esnob NOUN (m)(f). snob.
espaciador NOUN (m). space-bar (on a keyboard).
espacio NOUN (m). space.
espada NOUN (f). spade.
espalda NOUN (f). back.

España PROPER NOUN. Spain.
español NOUN (m). Spanish.
español NOUN (m). Spaniard.
espárrago NOUN (m). asparagus.
especial ADJECTIVE. special.
especialista NOUN (m)(f). specialist.
especialización NOUN (f). specialization.
especie NOUN (f). species.
especificar VERB. to specify.
espectáculo NOUN (m). show.
espejo NOUN (m). mirror.
esperanza NOUN (f). hope.
esperanzado ADJECTIVE. encouraging.
esperar VERB. to wait.
espiar VERB. to spy.
espinaca NOUN (f). spinach.
espiritualidad NOUN (f). spirituality.
espíritu NOUN (m). spirit.
esponja NOUN (f). sponge.
esposa NOUN (f). wife.
esposas NOUN (f). handcuffs.
espuma de afeitar NOUN (f). shaving cream, shaving foam.
esquema NOUN (m). scheme.
esquiar VERB. to ski.
esquina NOUN (f). corner.
esquí NOUN (m). skiing.
establecer VERB. to establish.
establecimiento NOUN (m). establishment.
estación NOUN (f). season, station.
estación de tren NOUN (f). train station.
estadio NOUN (m). stadium.
estado NOUN (m). state.
estado civil NOUN (m). marital status.
Estados Unidos PROPER NOUN. United States.
estadounidense NOUN (m). American (U.S.)
estallar VERB. to explode, blow up.
estancia NOUN (f). stay.
estanco NOUN (m). tobacco-shop.
estanque NOUN (m). pond, reservoir.
estantería NOUN (f). shelf.
estaño NOUN (m). tin.
estar VERB. to be.
estar a ... grados VERB PHRASE. it is ... degrees.
estar callado VERB PHRASE. to remain quiet.
estar de VERB PHRASE. be a (temporary profession).
estar de acuerdo VERB PHRASE. to agree.
estar de mal humor VERB PHRASE. to be in a bad mood.
estar de moda VERB PHRASE. to be in fashion.
estar en desacuerdo VERB PHRASE. to disagree.
estar equivocado VERB PHRASE. to be wrong.
estar harto VERB PHRASE. to be fed up.
estar hecho polvo VERB PHRASE. to be exhausted.
estar mal visto VERB PHRASE. not to be approved of.

estar + gerundio VERB PHRASE. to be + ...ing.
este EXCLAMATION. uh. [space filler in a conversation]
este NOUN (m). east.
estereotipo NOUN (m). stereotype.
estético ADJECTIVE. aesthetic.
estilo NOUN (m). style, way.
estilo indirecto NOUN (m). indirect speech.
estimar VERB. to guess, esteem.
estirar VERB. to stretch, flex.
Estocolmo PROPER NOUN. Stockholm.
estornudar VERB. to sneeze.
estornudo NOUN (m). sneeze.
estómago NOUN (m). stomach.
estrago NOUN (m). havoc, ruin.
estrecho ADJECTIVE. narrow.
estrella NOUN (f). star.
estresado ADJECTIVE. stressed.
estresante ADJECTIVE. stressful.
estribar VERB. to lie in, be based on, come from.
estribo NOUN (m). stirrup, step.
estricto ADJECTIVE. strict.
estrofa NOUN (f). stanza, verse.
estropeado ADJECTIVE. broken.
estructura NOUN (f). structure.
estudiante NOUN (m)(f). student.
estudiar VERB. to study.
estudio NOUN (m). studio.
estudios NOUN (m). studies.
estupefaciente NOUN (m). narcotic, anesthetic, drug.
estupendo ADJECTIVE. marvellous, stupendous.
estupor NOUN (m). stupor.
etapa NOUN (f). period, stage.
eterno ADJECTIVE. eternal.
etiqueta NOUN (f). label, sticker.
etrusco ADJECTIVE. Etruscan.
euro NOUN (m). euro.
Europa PROPER NOUN. Europe.
europeo oriental NOUN (m). East European.
eutanasia NOUN (f). euthanasia.
evaluar VERB. to evaluate.
evento NOUN (m). event.
evidente ADJECTIVE. evident.
evitar VERB. to avoid.
evocar VERB. to evoke.
evolucionar VERB. to develop.
exactamente ADVERB. exactly.
exacto ADJECTIVE. exact.
exagerado ADJECTIVE. exaggerated.
exagerar VERB. to exaggerate.
exaltación NOUN (f). exaltation.
examen NOUN (m). exam.
examinarse R. VERB. to take a test, take an examination.
excelente ADJECTIVE. excellent.
excepto PREPOSITION. except.
exceso NOUN (m). excess.
excéntrico ADJECTIVE. eccentric.
excitante ADJECTIVE. exciting.
exclamación NOUN (f). exclamation.
exclusivamente ADVERB. exclusively.
excursión NOUN (f). excursion.
excusa NOUN (f). excuse.
exiliarse R. VERB. to go into exile.
existir VERB. to exist.
exótico ADJECTIVE. exotic.

experiencia NOUN (f). experience.
explicar VERB. to explain.
exponer VERB. show.
exposición NOUN (f). exhibition.
expresar VERB. to express.
expresivo ADJECTIVE. expressive.
exquisito ADJECTIVE. exquisite.
extendido ADJECTIVE. extended.
extensión NOUN (f). extension.
extenso ADJECTIVE. extensive.
extirpado ADJECTIVE. removed (a tumor, etc.)
extranjero NOUN (m). foreigner.
extrañeza NOUN (f). strangeness.
extraño ADJECTIVE. strange.
extraordinario ADJECTIVE. extraordinary.
extraterrestre NOUN (m)(f). extra-terrestrial.
extravio NOUN (m). disappearance.
extremeño ADJECTIVE. from Extremadura.
extrovertido ADJECTIVE. extrovert.

F - f

fabricación NOUN (f). production, making of.
fabuloso ADJECTIVE. fabulous.
fachada NOUN (f). façade.
factura NOUN (f). bill.
facturación NOUN (f). check-in.
facultad NOUN (f). faculty.
faenar VERB. to work, labor, fish.
falda NOUN (f). skirt.
fallecer VERB. to die, expire.
faltar VERB. to be missing.
familia NOUN (f). family.
familia real NOUN (f). royal family.
familiar NOUN (m). family member.
famoso ADJECTIVE. famous.
fantasía NOUN (f). fantasy.
fantasma NOUN (m). ghost.
fantástico ADJECTIVE. fantastic.
faraón NOUN (m). pharaoh.
farmacéutico NOUN (m). pharmacist, chemist.
farmacia NOUN (f). pharmacy.
fastidiar VERB. to mess up, annoy.
fastidio NOUN (m). annoyance, pain.
fatal ADJECTIVE. awful, horrendous.
fauna NOUN (f). fauna.
favorito ADJECTIVE. favorite.
fábrica NOUN (f). factory.
fácil ADJECTIVE. easy.
fálico ADJECTIVE. phallic.
febrero NOUN (m). February.
fecha NOUN (f). date.
felicidad NOUN (f). happiness.
felicidades EXCLAMATION. congratulations.

felicitar VERB. to congratulate.
feliz ADJECTIVE. happy.
feliz cumpleaños EXCLAMATION. happy birthday.
fenomenal ADJECTIVE. fantastic.
fenómeno NOUN (m). phenomenon.
feo ADJECTIVE. ugly.
feria NOUN (f). fair, market.
feroz ADJECTIVE. ferocious.
fertilidad NOUN (f). fertility.
fervor NOUN (m). fervor.
festival NOUN (m). festival.
festivo NOUN (m). national holiday.
FF. AA. ABBREV. Armed Forces. [fuerzas armadas]
fiambre NOUN (m). cold cut.
fibra NOUN (f). fibre.
ficha NOUN (f). chip, token, piece, card.
fidelidad NOUN (f). fidelity.
fiebre NOUN (f). fever.
fiel ADJECTIVE. faithful.
fiesta NOUN (f). party.
fiesta familiar NOUN (f). family reunion, party.
figura NOUN (f). figure.
fijar VERB. to fix.
fijarse R. VERB. pay attention.
fila NOUN (f). line, queue, row.
filósofo NOUN (m). philosopher.
fin NOUN (m). end.
fin de semana NOUN (m). weekend.
final NOUN (f). final.
finalizar VERB. finish.
finalmente ADVERB. finally.
finanzas NOUN (f). finances, accounts.
finca NOUN (f). estate, farm.
fino ADJECTIVE. fine.
firma NOUN (f). signature.
firmar VERB. to sign.
firme ADJECTIVE. firm.
física nuclear NOUN (f). nuclear physics.
físicamente ADVERB. physically.
físico ADJECTIVE. physical.
flamenca NOUN (f). flamenco dancer.
flexo NOUN (m). gooseneck lamp, angle-poise lamp.
flipar VERB. to be amazed (colloquial).
flor NOUN (f). flower.
flora NOUN (f). flora.
Florencia PROPER NOUN. Florence.
flujo NOUN (m). flow, discharge.
fofo ADJECTIVE. flabby.
fontanería NOUN (f). plumbing.
forastero NOUN (m). foreigner, outsider.
forma de gobierno NOUN (f). type of government.
forma de pago NOUN (f). method of payment.
forma de vida NOUN (f). way of life.
formal ADJECTIVE. formal.
formar VERB. to form.
foro NOUN (m). forum.
forofo NOUN (m). fan.
forrarse R. VERB. to get rich.
fortalecer VERB. to strengthen.
fortuna NOUN (f). luck, fortune.

forzar VERB. to force.
foto NOUN (f). photo.
fotocopiadora NOUN (f). photocopier.
fotografía NOUN (f). photograph.
fórmula NOUN (f). formula.
fractura NOUN (f). fracture, break.
fragmento NOUN (m). fragment.
francés ADJECTIVE. French.
Francia PROPER NOUN. France.
franja NOUN (f). band, timetable.
franquista ADJECTIVE. of Franco.
frase NOUN (f). sentence.
frecuencia NOUN (f). frequency.
frecuente ADJECTIVE. often.
fregar VERB. to wash up.
fregona NOUN (f). mop.
freír VERB. to fry.
freno NOUN (m). brake, brace.
fresa NOUN (f). strawberry.
fresco ADJECTIVE. fresh.
frigorífico NOUN (m). refrigerator.
frijol NOUN (m). kidney bean.
frío ADJECTIVE. cold.
frontera NOUN (f). border.
frotar VERB. to rub.
fruta NOUN (f). fruit.
frutería NOUN (f). greengrocers.
fr. ABBREV. friar. [fray]
fuego NOUN (m). fire.
fuegos artificiales NOUN (m). fireworks.
fuente NOUN (f). fountain, spring.
fuera de PREPOSITION. outside.
fuera de casa PHRASE. away from home.
fuerte ADJECTIVE. strong.
fuerzas armadas NOUN (f). armed forces.
fumador NOUN (m). smoker.
fumar VERB. to smoke.
funcionamiento NOUN (m). operation.
funcionar VERB. to work.
funcionario NOUN (m). state worker, clerk.
función NOUN (f). function.
fundación NOUN (f). foundation.
fundamental ADJECTIVE. fundamental.
fusilamiento NOUN (m). execution, shooting.
futbolista NOUN (m)(f). footballer, soccer player.
futuro NOUN (m). future.
fútbol NOUN (m). football, soccer.

G - g

gafas NOUN (f). glasses.
gafas de sol NOUN (f). sunglasses.
galería de arte NOUN (f). art gallery.
Galicia PROPER NOUN. Galicia.
gallego ADJECTIVE. Galician.
galleta NOUN (f). biscuit, cookie.
gallina NOUN (f). hen.
gallo NOUN (m). cock, rooster.
gamba NOUN (f). prawn, shrimp.
ganado NOUN (m). cattle.

ganador NOUN (m). winner.
ganar VERB. to win, earn.
ganarse la vida VERB PHRASE. to earn one's living, make a living.
garaje NOUN (m). garage.
garganta NOUN (f). throat.
gas NOUN (m). gas.
gasolina NOUN (f). gasoline, petrol.
gasolinera NOUN (f). gas station, petrol station.
gastar VERB. to spend.
gastronomía NOUN (f). gastronomy.
gato NOUN (m). cat.
gazpacho NOUN (m). cold tomato soup.
gel NOUN (m). liquid soap.
gemelos NOUN (m). twins, calves.
generalidad NOUN (f). generalization.
generalmente ADVERB. generally.
generoso ADJECTIVE. generous.
genial ADJECTIVE. great, brilliant.
gente NOUN (f). people.
genuino ADJECTIVE. genuine.
gerencia NOUN (f). management.
gestar VERB. to gestate, develop.
gesto NOUN (m). gesture.
gestual ADJECTIVE. gestural, gesticulating, using gestures.
género NOUN (m). gender, genre, kind, sort, type, genus.
gimnasio NOUN (m). fitness studio, gymnasium, gym.
girar VERB. to turn, spin, revolve.
gitano NOUN (m). gypsy.
globo NOUN (m). balloon, globe.
glúteos NOUN (m). buttocks.
gobierno NOUN (m). government.
gobierno popular NOUN (m). popular government.
golosina NOUN (f). sweet, candy.
golpe NOUN (m). blow, punch.
golpe de estado NOUN (m). coup d'etat.
goma NOUN (f). eraser, rubber band.
gordo ADJECTIVE. fat.
goyesco ADJECTIVE. in the style of Goya.
gozo NOUN (m). pleasure, joy.
góndola NOUN (f). gondola.
GR ABBREV. Guerrero. [Mexican state]
grabación NOUN (f). recording.
grabar VERB. to tape, record.
gracias EXCLAMATION. thank you.
gracias EXCLAMATION. thank you.
gracioso ADJECTIVE. funny.
grado NOUN (m). grade, level.
Gral. ABBREV. general. [general]
gramatical ADJECTIVE. grammatical.
gramática NOUN (f). grammar.
gramófono NOUN (m). record player, gramophone.
gran ADJECTIVE. great, large.
grande ADJECTIVE. big.
grandes almacenes NOUN (m). department store.
grandes éxitos NOUN (m). greatest hits.
grano NOUN (m). spot, pimple.
grasa NOUN (f). grease.

gratificante ADJECTIVE. gratifying.
gratitud NOUN (f). thankfulness, gratitude.
gratuito ADJECTIVE. free, gratuitous.
grave ADJECTIVE. serious.
gráfico NOUN (m). graphic.
Grecia PROPER NOUN. Greece.
griego ADJECTIVE. Greek.
gripe NOUN (f). flu, cold.
gris ADJECTIVE. gray.
gritar VERB. to scream.
grito NOUN (m). shout, scream.
grueso ADJECTIVE. thick.
grupo NOUN (m). group.
GT ABBREV. Guanajuato. [Mexican state]
guante NOUN (m). gloves.
guapo ADJECTIVE. good-looking.
guardar VERB. to keep, put away, save, store.
guardia civil NOUN (m)(f). civil guard.
guardián NOUN (m). guardian.
guatemalteco ADJECTIVE. Guatemalan.
guau EXCLAMATION. bow wow, woof. [the sound a dog makes when barking]
guau EXCLAMATION. wow. [expressing astonishment or admiration]
guay ADJECTIVE. great.
guácala EXCLAMATION. ew, gross. [Latin America]
gubernamental ADJECTIVE. governmental.
guerra NOUN (f). war.
Guerra Civil PROPER NOUN. Civil War.
Guerra Mundial PROPER NOUN. world war.
guiarse R. VERB. to be guided.
guión NOUN (m). dash.
guisante NOUN (m). pea.
guitarra NOUN (f). guitar.
guía NOUN (f). guidebook.
gustar VERB. to please, be liked.
gusto NOUN (m). pleasure.

H - h

habitación NOUN (f). room.
habitante NOUN (m). inhabitant.
habitar VERB. to live, inhabit.
habitual ADJECTIVE. habitual.
hablador ADJECTIVE. talkative.
hablante NOUN (m)(f). speaker.
hablar VERB. to speak.
hace ADVERB. ago.
hace aire VERB PHRASE. there's a breeze.
hace calor VERB PHRASE. it is hot.
hace frío VERB PHRASE. it is cold.
hace mucho viento VERB PHRASE. it is very windy.
hace sol VERB PHRASE. the sun is shining.
hacer VERB. to make, do.

hacer daño VERB PHRASE. to cause pain, hurt someone.
hacer falta VERB PHRASE. to need, miss, be necessary.
hacer gimnasia VERB PHRASE. to work out.
hacer memoria VERB PHRASE. to think hard, try to remember.
hacer preguntas VERB PHRASE. to ask questions.
hacer señas VERB PHRASE. to make signs.
hacer transbordo VERB PHRASE. to transit.
hacer turismo VERB PHRASE. to go on (to be) on holiday.
hala EXCLAMATION. right, come on.
hala EXCLAMATION. come on, let's go, hey, wow.
hallar VERB. to find.
hambre NOUN (m). hunger.
hambriento ADJECTIVE. hungry.
hasta PREPOSITION. until.
hasta ahora PHRASE. until now.
hasta la vista PHRASE. see you around.
hasta las tantas PHRASE. until very late.
hasta luego EXCLAMATION. see you later.
hasta pronto EXCLAMATION. see you soon.
hay que (+ verbo) VERB PHRASE. (you) have to.
hábito NOUN (m). habit.
hechicero NOUN (m). sorcerer.
hecho NOUN (m). fact, deed.
helado NOUN (m). ice cream.
helicóptero NOUN (m). helicopter.
herencia NOUN (f). inheritance.
herida NOUN (f). wound.
hermana NOUN (f). sister.
hermanos NOUN (m). brothers.
hermoso ADJECTIVE. beautiful, great-looking.
hervir VERB. to boil.
héroe NOUN (m). hero.
hidalgo NOUN (m). gentry, feudal lord.
hidratante ADJECTIVE. moisturizer.
hidrógeno NOUN (m). hydrogen.
hierro NOUN (m). iron.
higiene NOUN (f). hygiene.
hija NOUN (f). daughter.
hijo NOUN (m). son.
hipócrita NOUN (m)(f). hypocrite.
hipótesis NOUN (f). hypothesis.
hispanoamericano ADJECTIVE. Hispano-American.
histeria NOUN (f). hysteria.
histérico ADJECTIVE. hysterical.
historia NOUN (f). history, story.
histórico ADJECTIVE. historic.
híjole EXCLAMATION. wow, whoa. [used to denote surprise or the state of being impressed - Mexico, El Salvador, Honduras, Costa Rica]
hnos. ABBREV. brothers, siblings, brothers and sisters. [hermanos]
hogar NOUN (m). home.
hogareño ADJECTIVE. home-loving.
hoguera NOUN (f). bonfire.
hoja NOUN (f). sheet.
hola EXCLAMATION. hello, hi.
hola EXCLAMATION. hello.

Holanda PROPER NOUN. Holland.
hombre EXCLAMATION. hey, man.
hombre NOUN (m). man.
hombro NOUN (m). shoulder.
homenaje NOUN (m). tribute.
homosexual ADJECTIVE. homosexual.
honesto ADJECTIVE. honest.
honra NOUN (f). dignity.
honrado ADJECTIVE. honored.
hora NOUN (f). time.
horario NOUN (m). schedule, time table.
horno NOUN (m). oven.
horóscopo NOUN (m). horoscope.
horrible ADJECTIVE. horrible.
horror NOUN (m). horror.
hortelano NOUN (m). vegetable grower.
hospital NOUN (m). hospital.
hospitalario ADJECTIVE. welcoming, hospitable.
hostelería NOUN (f). hotel management, catering.
hostia EXCLAMATION. jeez. [expression of surprise - Spain, vulgar]
hotel NOUN (m). hotel.
hoy ADVERB. today.
hueco NOUN (m). gap.
huelga NOUN (f). strike.
hueso NOUN (m). bone.
huevo NOUN (m). egg.
huir VERB. to run away from.
humanidad NOUN (f). humanity, mankind.
humildad NOUN (f). humility, modesty.
humo NOUN (m). smoke.
humor NOUN (m). humour.
hundimiento NOUN (m). sinking.
huy EXCLAMATION. expression of pain, anguish, fright.
húmedo ADJECTIVE. humid.
húngaro ADJECTIVE. Hungarian.

I - i

I ABBREV. illustrious (honorific term of address). [ilustre]
ida NOUN (f). one way.
ida y vuelta PHRASE. round trip, return trip.
idea NOUN (f). idea.
ideal ADJECTIVE. ideal.
idear VERB. to run an idea by someone.
identidad NOUN (f). identity.
identificarse R. VERB. to introduce oneself.
ideología NOUN (f). ideology.
idioma NOUN (m). language, foreign language.
idiota NOUN (m)(f). idiot.
iglesia NOUN (f). church.
ignorancia NOUN (f). ignorance.
igual ADJECTIVE. same as, equal.
igualdad NOUN (f). equality.

igualmente ADVERB. similarly, likewise.
igualmente EXCLAMATION. likewise, the same to you.
ilegal ADJECTIVE. illegal.
ilusionado ADJECTIVE. excited.
ilusión NOUN (f). excitement.
ilustración NOUN (f). illustration.
imagen NOUN (f). image.
imaginación NOUN (f). imagination.
imaginar VERB. to imagine.
imaginario ADJECTIVE. imaginary.
imaginativo ADJECTIVE. imaginative.
imbécil ADJECTIVE. stupid.
impaciente ADJECTIVE. impatient.
impactante ADJECTIVE. striking.
impar ADJECTIVE. odd (number).
impartir VERB. to teach, impart.
impecable ADJECTIVE. impeccable.
imperativo NOUN (m). imperative, essential.
imperio NOUN (m). empire.
implacable ADJECTIVE. relentless.
implantación NOUN (f). implantation.
implante NOUN (m). implant.
imponer VERB. to impose.
importante ADJECTIVE. important.
importar VERB. to mind.
imposibilitar VERB. to make impossible.
imposible ADJECTIVE. impossible.
imprenta NOUN (f). printing press, printing house, printeers.
impresionar VERB. to impress.
impresionista ADJECTIVE. impressionist.
impresión NOUN (f). impression.
impresora NOUN (f). printer.
imprimir VERB. to print.
impuesto NOUN (m). tax, duty, levy.
impulsar VERB. impel, drive forward.
impunidad NOUN (f). impunity.
inauguración NOUN (f). inauguration.
inaugurar VERB. to inaugurate.
incendio NOUN (m). fire.
incertidumbre NOUN (f). uncertainty.
incluido ADJECTIVE. included.
incluir VERB. to include.
incluso ADVERB. even.
incompatible ADJECTIVE. incompatible.
incompleto ADJECTIVE. incomplete.
inconsciente ADJECTIVE. unconscious.
inconveniente NOUN (m). disadvantage.
incorporación NOUN (f). inclusion, incorporation.
incorporarse R. VERB. to join (workplace).
increíble ADJECTIVE. incredible.
incrementar VERB. to increase.
indecisión NOUN (f). indecision.

indeciso ADJECTIVE. undecided.
indemnización NOUN (f). compensation.
independencia NOUN (f). independency.
independiente ADJECTIVE. independent.
indicar VERB. to show.
indicativo NOUN (m). indicative.
indiferente ADJECTIVE. indifferent.
indiscreto ADJECTIVE. indiscreet.
indispensable ADJECTIVE. essential.
indisposición NOUN (f). indisposition.
individual ADJECTIVE. individual.
individuo NOUN (m)(f). individual.
industrializar VERB. to industrialize.
inestabilidad NOUN (f). instability.
inexcusable ADJECTIVE. inexcusable.
inexperto ADJECTIVE. novice, unskilled, inexperienced.
infancia NOUN (f). childhood, infancy.
infantil ADJECTIVE. child-like, infantile.
inferioridad NOUN (f). inferiority.
infernal ADJECTIVE. infernal, hideous, terrible, unbearable, hellish.
infestado ADJECTIVE. infested.
infierno NOUN (m). hell.
infinitivo NOUN (m). infinitive.
infinito ADJECTIVE. infinite.
influencia NOUN (f). influence.
influir VERB. to influence.
información NOUN (f). information.
informal ADJECTIVE. informal.
informar VERB. to inform.
informativo NOUN (m). news, newscast, news bulletin.
informática NOUN (f). IT (information technology).
informático NOUN (m). IT consultant/computer expert.
infraestructura NOUN (f). infrastructure.
ingeniero NOUN (m). engineer.
ingenioso ADJECTIVE. ingenious.
ingenuo ADJECTIVE. naive.
Inglaterra NOUN (f). England.
inglés NOUN (m). English.
ingrato ADJECTIVE. ungrateful, unpleasant.
ingrediente NOUN (m). ingredient.
ingresar VERB. to go into, enter, matriculate.
ingreso NOUN (m). entrance, income.
inherente ADJECTIVE. inherent.
inicial ADJECTIVE. initial.
iniciales NOUN (m). initials.
iniciar VERB. to begin, start.
inicio NOUN (m). start, beginning.
inmaduro ADJECTIVE. immature.
inmediatamente ADVERB. immediately.
inmediato ADJECTIVE. sudden.
inmenso ADJECTIVE. enormous.
inmidiatez NOUN (f). immediacy.
inmigración NOUN (f). immigration.

inmigrante NOUN (m)(f). immigrant.
inmortalizar VERB. to be immortalized.
inocencia NOUN (f). innocence.
inodoro NOUN (m). toilet, loo.
inolvidable ADJECTIVE. unforgettable.
inquietud NOUN (f). worry.
inseguro ADJECTIVE. insecure, unsafe.
insomnio NOUN (m). insomnia.
insólito ADJECTIVE. unusual, one-of-a-kind.
inspección NOUN (f). inspection.
inspirar VERB. to inspire.
instalación NOUN (f). installation.
instante NOUN (m). instant.
instinto NOUN (m). instinct.
instrucción NOUN (f). instruction.
integración NOUN (f). integration.
inteligente ADJECTIVE. intelligent.
intención NOUN (f). intention.
intensamente ADVERB. intensely.
intensidad NOUN (f). intensity.
intenso ADJECTIVE. intense.
intentar VERB. to try, attempt.
intento NOUN (m). attempt.
interacción NOUN (f). interaction.
intercambio NOUN (m). exchange.
interesante ADJECTIVE. interesting.
interés NOUN (m). interest.
interior NOUN (m). inland.
interlocutor NOUN (m). speaker.
internacional ADJECTIVE. international.
internet NOUN (m). internet.
interpretar VERB. to play (a character).
interrogación NOUN (f). interrogation.
interrogativo NOUN (m). interrogative.
interruptor NOUN (m). switch.
intervención NOUN (f). operation.
intransferible ADJECTIVE. non-transferable.
intriga NOUN (f). intrigue.
introducción NOUN (f). introduction.
introvertido ADJECTIVE. introverted.
intrusismo NOUN (m). quackery.
intruso NOUN (m). intruder.
inundación NOUN (f). flooding.
inundarse R. VERB. to be flooded with.
invadir VERB. to invade.
invariable ADJECTIVE. invariable.
inventar VERB. to invent.
invento NOUN (m). invention.
inventor NOUN (m). inventor.
invernal ADJECTIVE. wintry.
inverosímil ADJECTIVE. unlikely, unbelievable.
investidura NOUN (f). swearing in, investiture.
investigación NOUN (f). investigation.
invierno NOUN (m). winter.
invitación NOUN (f). invitation.
invitado NOUN (m). guest.
invitar VERB. to invite.
inyección NOUN (f). injection, shot.

ir VERB. to go.
ir de bar en bar VERB PHRASE. to go bar hopping.
ir de compras VERB PHRASE. to go shopping.
ir de copeo VERB PHRASE. to go out for drinks.
iraní ADJECTIVE. Iranian.
Irlanda PROPER NOUN. Ireland.
irónico ADJECTIVE. ironic.
irregular ADJECTIVE. irregular.
irregularidad NOUN (f). irregularity.
irse de marcha VERB PHRASE. to go out to bars (or club).
isla NOUN (f). island.
Islas Canarias PROPER NOUN. Canary Islands.
istmo NOUN (m). isthmus.
Italia PROPER NOUN. Italy.
italiano ADJECTIVE. Italian.
itinerario NOUN (m). itinerary.
IVA ABBREV. VAT, value-added tax. [impuesto de valor agregado]
izquierda ADJECTIVE. left.
I.V.A. NOUN (m). VAT.

J - j

ja EXCLAMATION. ha. [representation of laughter]
jabón NOUN (m). soap.
jacuzzi NOUN (m). jacuzzi.
jaja EXCLAMATION. haha.
jamás ADVERB. never.
jamón NOUN (m). ham.
jamón serrano NOUN (m). cured ham.
japonés ADJECTIVE. Japanese.
Japón PROPER NOUN. Japan.
jarabe NOUN (m). syrup.
jardín NOUN (m). garden.
jefe NOUN (m). boss.
Jefe del Estado PROPER NOUN. Head of State.
jerga NOUN (f). slang.
jeringuilla NOUN (f). syringe.
jeroglífico NOUN (m). hieroglyphics.
jersey NOUN (m). sweater, jumper.
Jesús EXCLAMATION. bless you, gesundheit. [said after a sneeze]
jo EXCLAMATION. stop, whoa. [especially when commanding a horse]
jornalero NOUN (m). day laborer.
joven ADJECTIVE. young.
jubilación NOUN (f). retirement.
jubilado ADJECTIVE. retired.
jubilarse R. VERB. to retire.
juerga NOUN (f). binge, revelry, good time.
jueves NOUN (m). Thursday.
jugar VERB. to play.
juguete NOUN (m). toy.
juguetear VERB. to play.
julio NOUN (m). July.
junco NOUN (m). junk, reed.

junio NOUN (m). June.
junta militar NOUN (f). military junta.
juntos ADJECTIVE. together.
jurado NOUN (m). sworn jury.
jurar VERB. to swear.
justificar VERB. to justify.
justo ADJECTIVE. right.
juvenil ADJECTIVE. juvenile.
juventud NOUN (f). youth.
juzgado NOUN (m). registry office.

K - k

kilo NOUN (m). kilo.
kilómetro NOUN (m). kilometre.

L - l

La Habana PROPER NOUN. Havana.
laberinto NOUN (m). maze, laberinth.
labio NOUN (m). lip.
labor NOUN (f). labor, job.
laboratorio NOUN (m). laboratory.
ladrador ADJECTIVE. barking.
ladrar VERB. to bark.
ladrón NOUN (m). thief.
lamentable ADJECTIVE. lamentable.
lamentarse R. VERB. to complain, regret, lament.
lanzamiento NOUN (m). launch, throw, shot, pitch (baseball).
largo ADJECTIVE. long.
lata NOUN (f). can, tin.
laureado NOUN (m). award-winning.
lavabo NOUN (m). wash-basin.
lavadora NOUN (f). washing machine.
lavar VERB. to wash.
lavarse los dientes VERB PHRASE. to brush one's teeth.
lazo NOUN (m). ribbon, bow, lasso.
lágrima NOUN (f). tear.
lámpara NOUN (f). lamp.
lápiz NOUN (m). pencil.
lección NOUN (f). lesson.
leche EXCLAMATION. shit. [vulgar, Spain]
leche NOUN (f). milk.
lechuga EXCLAMATION. Expresses anger, upset, or annoyance. Euphemism for leche. [informal, euphemistic]
lechuga NOUN (f). lettuce.
lectura NOUN (f). reading.
leer VERB. to read.
legal ADJECTIVE. legal.
legalmente ADVERB. legally.

legumbre NOUN (m). pulse (vegetable group).
lejano ADJECTIVE. far off, distant.
lejos ADJECTIVE. far from.
lema NOUN (m). slogan.
lengua NOUN (f). language, tongue.
lengua extranjera NOUN (f). foreign language.
lenguaje NOUN (m). language, slang.
lenteja NOUN (f). lentil.
lento ADJECTIVE. slow.
leña NOUN (f). firewood.
letra NOUN (f). letter.
letra mayúscula NOUN (f). capital letter.
letras NOUN (f). text, lyrics.
letrero NOUN (m). sign, notice.
levantamiento NOUN (m). uprising.
levantar VERB. to lift, raise, pick up.
levantarse R. VERB. to get up.
levantino ADJECTIVE. from the Levante.
leve ADJECTIVE. slight.
ley NOUN (f). law.
ley seca NOUN (f). prohibition.
léxico NOUN (m). vocabulary, lexicon.
liado ADJECTIVE. busy, stressed.
liarse R. VERB. to get caught up, be in trouble.
libertad NOUN (f). liberty.
libertinaje NOUN (m). free-living, hedonism.
librería NOUN (f). bookstore.
libro NOUN (m). book.
licenciarse R. VERB. to get a degree in.
licenciatura NOUN (f). honors degree (university).
licenciatura NOUN (f). degree (in).
licor NOUN (m). liqueur.
liga NOUN (f). league.
ligar VERB. to hook up with (a girl/boy).
ligero ADJECTIVE. light.
ligón NOUN (m). flirt.
limitado ADJECTIVE. limited.
limpiar VERB. to clean.
limpieza NOUN (f). cleanliness.
limpio ADJECTIVE. clean.
lindo ADJECTIVE. lovely.
linterna NOUN (f). flashlight, torch, lamp, lantern.
liposucción NOUN (f). liposuction.
liquidación NOUN (f). clearance sale.
liso ADJECTIVE. flat, smooth.
lista NOUN (f). list.
lista de boda NOUN (f). wedding list.
lista de la compra NOUN (f). shopping-list.
litera NOUN (f). bunk, berth, litter, couchette.
literario ADJECTIVE. literary.
literatura NOUN (f). literature.
litografía NOUN (f). lithography.
lícito ADJECTIVE. licit, lawful.
líder NOUN (m). leader.
línea NOUN (f). line.
línea aérea NOUN (f). airline.
lío NOUN (m). mess, affair.

líquido ADJECTIVE. liquid.
llama NOUN (f). flame.
llamada NOUN (f). phone call.
llamar VERB. to call.
llamarse R. VERB. to be called.
llave NOUN (f). key.
llegada NOUN (f). arrival.
llegar VERB. to arrive.
lleno ADJECTIVE. full.
llevar VERB. to take, carry, wear.
llevar a cabo VERB PHRASE. to carry out.
llevarse R. VERB. to get on with.
llorar VERB. to cry.
llover VERB. to rain.
llovizna NOUN (f). drizzle.
lluvia NOUN (f). rain.
lo menos posible PHRASE. as little as possible.
lo mismo PHRASE. the same.
lo siento EXCLAMATION. sorry.
lo siento EXCLAMATION. I am sorry.
lobo NOUN (m). wolf.
local NOUN (m). bar.
loción NOUN (f). lotion.
loco ADJECTIVE. crazy.
locución NOUN (f). expression.
locura NOUN (f). craziness.
locutor NOUN (m). announcer, newsreader.
longevo ADJECTIVE. long living.
los demás NOUN (m). the others.
lotería NOUN (f). lottery.
lógica NOUN (f). logic.
lucha NOUN (f). fight.
luchar VERB. to fight.
lucir VERB. to wear.
luego ADVERB. later.
lufa NOUN (f). loofah.
lugar NOUN (m). place.
lujo NOUN (m). luxury.
luminoso ADJECTIVE. light, luminous.
luna NOUN (f). moon.
luna de miel NOUN (f). honeymoon.
lunes NOUN (m). Monday.
luz NOUN (f). light.
luz solar NOUN (f). sunlight.
lúdico ADJECTIVE. recreational.

M - m

m ABBREV. Used in SMS for me. [me]
macizo ADJECTIVE. solid.
madera NOUN (f). wood.
madre NOUN (f). mother.
madrileño NOUN (m). from Madrid.
madrugada NOUN (f). dawn.
madrugar VERB. to get up early.
maestro NOUN (m). teacher, master.
magia NOUN (f). magic.
magnolio NOUN (m). magnolia.
magrebí ADJECTIVE. from the Magreb.
maíz NOUN (m). corn, maize.

majo ADJECTIVE. nice.
mal ADVERB. badly.
mala suerte EXCLAMATION. bad luck, tough luck.
maldito EXCLAMATION. damn.
maleducado ADJECTIVE. rude.
malentendido NOUN (m). misunderstanding.
maleta NOUN (f). suitcase.
malícia NOUN (f). malice.
maltratar VERB. to mistreat.
malvado NOUN (m). villain, wicked person.
mamario ADJECTIVE. mammary, breast.
mancha NOUN (f). stain.
manchar VERB. to stain.
manchego ADJECTIVE. from Castile- La Mancha.
manco ADJECTIVE. one-armed.
mandar VERB. send.
mando a distancia NOUN (m). remote control.
manera NOUN (f). way.
manga NOUN (f). sleeve.
manifestación NOUN (f). demonstration.
manifestar VERB. to show, demonstrate, declare.
manía NOUN (f). mania.
mano NOUN (f). hand.
manta NOUN (f). blanket.
mantener VERB. to keep.
mantener correspondencia VERB PHRASE. to correspond with.
manual NOUN (m). manual.
manualidades NOUN (f). handicrafts.
manzana NOUN (f). apple.
manzanilla NOUN (f). dry sherry, camomile.
mañana NOUN (f). tomorrow, morning.
mapa NOUN (m). map.
mapamundi NOUN (m). world map.
maqueta NOUN (f). pattern, draft.
maquillaje NOUN (m). make-up.
maquillarse R. VERB. to put one's make up on.
maquinista NOUN (m)(f). engine driver, engineer.
mar NOUN (m)(f). sea.
marcagoles NOUN (m). goal-getter, striker.
marcar VERB. to mark.
marco NOUN (m). frame.
mareado ADJECTIVE. dizzy.
marido NOUN (m). husband.
mariposa NOUN (f). butterfly.
marisco NOUN (m). seafood.
marketing NOUN (m). marketing.
marroquinería NOUN (f). leather industry, leather goods.
marrón ADJECTIVE. brown.
martes NOUN (m). Tuesday.
maruja NOUN (f). gossip, house-proud.
marzo NOUN (m). March.
masaje NOUN (m). massage.
mascota NOUN (f). mascot, pet.
masificado ADJECTIVE. overcrowded, oversubscribed.
matar VERB. to kill.
Matemáticas PROPER NOUN. Mathematics.
materia NOUN (f). subject, material.

material NOUN (m). material.
materno ADJECTIVE. maternal.
matinal ADJECTIVE. morning.
matorral NOUN (m). bushes, thicket.
matricularse R. VERB. to enroll, to register.
matrimonio NOUN (m). married couple.
matrícula NOUN (f). enrolment, license plate.
Matusalén PROPER NOUN. Methuselah.
maya ADJECTIVE. Maya.
mayo NOUN (m). May.
mayor NOUN (m). the oldest.
mayordomo NOUN (m). butler.
mayores NOUN (m). older people.
mayoritariamente ADVERB. the majority (of).
mayoría NOUN (f). majority.
más PREPOSITION. plus.
más alto PHRASE. louder.
más despacio PHRASE. slower.
más que PHRASE. more than.
MC ABBREV. Michoacán. [Mexican state]
me vale EXCLAMATION. I don't care. [Mexico]
mecánico NOUN (m). mechanic.
mecha NOUN (f). highlight (hair).
mechero NOUN (m). lighter.
media ADJECTIVE. half.
medianoche NOUN (f). midnight.
mediante PREPOSITION. by means of.
medicina NOUN (f). medicine.
medio de transporte NOUN (m). means of transport.
mediodía NOUN (m). noon.
medios NOUN (m). means.
medios de comunicación NOUN (m). media.
medir VERB. to measure.
Mediterráneo PROPER NOUN. Mediterranean.
mejillón NOUN (m). mussel.
mejor ADJECTIVE. better.
mejorar VERB. to improve.
melón NOUN (m). melon.
mencionar VERB. to mention.
menor ADJECTIVE. younger.
menos ADJECTIVE. minus, less.
menos mal EXCLAMATION. phew.
menos que PHRASE. less than.
mensaje NOUN (m). message.
mensual ADJECTIVE. monthly.
mensualidad NOUN (f). monthly payment.
menta NOUN (f). mint.
mentalmente ADVERB. mentally.
mentir VERB. to lie.
mentira NOUN (f). lie.
menú NOUN (m). menu.
mercado NOUN (m). market.
merendar VERB. to have a snack.
merluza NOUN (f). hake.
mes NOUN (m). month.
mesa NOUN (f). table.
mesilla de noche NOUN (f). bedside table.
mesón NOUN (m). inn, typical restaurant.
meta NOUN (f). finishing line.
meter VERB. to put in.
meterse R. VERB. to get involved.
metro NOUN (m). metro.

mexicano ADJECTIVE. Mexican.
mezclar VERB. to mix.
mezquita NOUN (f). mosque.
médico NOUN (m). doctor.
médium NOUN (m). medium.
método NOUN (m). method.
México PROPER NOUN. Mexico.
miau EXCLAMATION. meow. [the sound a cat makes]
microondas NOUN (m). microwave.
miedo NOUN (m). fear.
miembro NOUN (m). member.
mientras ADVERB. meanwhile.
miéchica EXCLAMATION. damn, blast it. [colloquial]
miércoles EXCLAMATION. shoot. [euphemism for 'mierda']
miércoles NOUN (m). Wednesday.
mil ADJECTIVE. thousand.
militancia NOUN (f). militancy.
millón NOUN (m). million.
mimar VERB. to spoil (someone).
ministro NOUN (m). minister.
minuto NOUN (m). minute.
mirar VERB. to watch.
mirón NOUN (m). onlooker, voyeur, busybody.
misa NOUN (f). mass.
mismo ADJECTIVE. same.
misógino NOUN (m). misogynist.
misterio NOUN (m). mystery.
misterioso ADJECTIVE. mysterious.
mitad NOUN (f). half.
mixto ADJECTIVE. mixed.
mímica NOUN (f). mimic.
ML ABBREV. Morelos. [Mexican state]
mobiliario NOUN (m). furniture.
mochila NOUN (f). backpack.
modelo NOUN (m). model.
moderado ADJECTIVE. moderate.
modernista ADJECTIVE. modernist.
moderno ADJECTIVE. modern.
modesto ADJECTIVE. modest.
molar VERB. to appeal (to someone).
molestar VERB. to disturb, annoy.
momento NOUN (m). moment.
monarca NOUN (m). monarch.
monarquía NOUN (f). monarchy.
moneda NOUN (f). coin.
monje NOUN (m). monk.
mono NOUN (m). monkey.
monolingüe ADJECTIVE. monolingual.
montaña NOUN (f). mountain.
montar VERB. to set up, create.
monumento NOUN (m). monument.
morado ADJECTIVE. violet.
moraleja NOUN (f). moral.
morcilla NOUN (f). blood sausage.
moreno ADJECTIVE. dark-haired, brown.
morfología NOUN (f). morphology.
morir VERB. to die.
mostrador NOUN (m). counter.
mota NOUN (f). speck, spot.
mote NOUN (m). nickname.
motivo NOUN (m). reason.
moto NOUN (f). motorcycle.

mover VERB. to move.
movilidad NOUN (f). mobility.
movimiento NOUN (m). movement.
módulo NOUN (m). module.
móvil NOUN (m). mobile.
muchacha NOUN (f). gal, girl.
muchacho NOUN (m). lad, boy.
muchas gracias EXCLAMATION. thank you very much.
muchas veces ADVERB. often.
muchísimas gracias EXCLAMATION. thank you very very much.
muchísimo ADJECTIVE. very much.
mucho ADJECTIVE. much.
mucho gusto EXCLAMATION. nice to meet you.
mudo ADJECTIVE. dumb.
mueble NOUN (m). furniture.
muela NOUN (f). molar (tooth).
muerte NOUN (f). death.
muerto ADJECTIVE. dead.
mujer NOUN (f). wife, woman.
mujeriego NOUN (m). womanizer.
multiplicar VERB. multiply.
mundial ADJECTIVE. world-wide.
mundo NOUN (m). world.
mundo laboral NOUN (m). working world.
municipio NOUN (m). municipality.
muñeca NOUN (f). puppet, doll, wrist.
muro NOUN (m). wall.
musculoso ADJECTIVE. muscular.
museo NOUN (m). museum.
muslo NOUN (m). thigh.
musulmán NOUN (m). Muslim.
mutuo ADJECTIVE. mutual.
muy ADVERB. very.
música NOUN (f). music.
música pop NOUN (f). pop-music.
músico NOUN (m). musician.
MX ABBREV. México. [Mexican state]
m. ABBREV. noon. [mediodía]
Mª ABBREV. María. [Maria]

N - n

NA ABBREV. Nayarit. [Mexican state]
nacer VERB. to be born.
nacimiento NOUN (m). birth.
nacionalidad NOUN (f). nationality.
nación NOUN (f). nation.
nada PRONOUN. nothing.
nadar VERB. to swim.
nadie PRONOUN. no one.
naipes NOUN (m). deck of cards, pack of cards.
naranja NOUN (f). orange.
nariz NOUN (f). nose.
narración NOUN (f). narration.
narrar VERB. to narrate.
natación NOUN (f). swimming.
natal ADJECTIVE. birth.

nativo ADJECTIVE. native.
natural de PHRASE. from.
naturaleza NOUN (f). nature.
navarro ADJECTIVE. from Navarre.
navegar VERB. to sail, fly, surf (the internet).
Navidad PROPER NOUN. Christmas.
navío NOUN (m). boat, ship.
Nápoles PROPER NOUN. Naples.
náutico ADJECTIVE. nautical.
necesario ADJECTIVE. necessary.
necesidad NOUN (f). need.
necesitar VERB. to need.
negación NOUN (f). negation, refusal.
negar VERB. to deny, to refuse.
negativa NOUN (f). negative (photography).
negativo ADJECTIVE. negative.
negociar VERB. to negotiate.
negocio NOUN (m). business.
negro ADJECTIVE. black.
nervios NOUN (m). nerves.
nervioso ADJECTIVE. nervous.
neutro ADJECTIVE. neutral.
nevar VERB. to snow.
nevera NOUN (f). fridge.
nexo NOUN (m). nexus.
ni fu ni fa EXCLAMATION. so so.
ni hablar! EXCLAMATION. no way.
niebla NOUN (f). fog.
nieto NOUN (m). grandson.
nieve NOUN (f). snow.
ninguna vez ADVERB. never.
niñez NOUN (f). childhood.
niño NOUN (m). child.
nivel NOUN (m). level.
níquel NOUN (m). nickel.
NL ABBREV. Nuevo León. [Mexican state]
no fumador NOUN (m). non smoker.
no hay problema EXCLAMATION. no problem.
no parar de ... VERB PHRASE. to not stop + verb.
no te importa VERB PHRASE. you don't mind, you don't care.
noche NOUN (f). night.
Nochebuena PROPER NOUN. Christmas Eve.
Nochevieja PROPER NOUN. New Years Eve.
noción NOUN (f). idea, notion.
noctámbulo NOUN (m). sleep-walker.
nocturno ADJECTIVE. nighttime, evening, nocturnal.
nombrar VERB. to name.
nombre NOUN (m). name.
norma NOUN (f). rule.
normalmente ADVERB. normally.
norte NOUN (m). North.
nos vemos EXCLAMATION. cheers, goodbye, see you later.
nostalgia NOUN (f). nostalgia.
nota NOUN (f). note, mark.
notable ADJECTIVE. notable.
notas NOUN (f). notes.
noticia de actualidad NOUN (f). latest (breaking) news.
noticias NOUN (f). news.
novela NOUN (f). novel.
noventa NUMBER. ninety.
novia NOUN (f). bride, girlfriend.

noviazgo NOUN (m). engagement, relationship.
noviembre NOUN (m). November.
nube NOUN (f). cloud.
nublado ADJECTIVE. cloudy.
nuca NOUN (f). neck.
nuevas tecnologías NOUN (f). new technologies.
nueve NUMBER. nine.
nuevo ADJECTIVE. new.
numerado ADJECTIVE. numbered.
nunca ADVERB. never.
número NOUN (m). number.
número cardinal NOUN (m). cardinal number.
núm. ABBREV. No., number.
nº ABBREV. No., number. [número]

Ñ - ñ

ñam ñam ñam EXCLAMATION. nom nom nom.
ñau EXCLAMATION. meow, miaow.
ñew EXCLAMATION. mew, meow, miaow. [Chile]

O - o

OA ABBREV. Oaxaca. [Mexican state]
obeso ADJECTIVE. obese.
obispo NOUN (m). bishop.
objetivo NOUN (m). objective.
objeto NOUN (m). object.
objeto indirecto NOUN (m). indirect object.
obligación NOUN (f). obligation.
obligar VERB. to force, oblige.
obligatorio ADJECTIVE. obligatory.
obra NOUN (f). work.
obra cumbre NOUN (f). masterpiece.
obra de teatro NOUN (f). play.
obra maestra NOUN (f). masterpiece.
obras NOUN (f). construction site, building works.
obrero NOUN (m). worker, workman.
observar VERB. to observe.
obsesionarse R. VERB. to be obsessed.
obstrucción NOUN (f). obstacle.
obtener VERB. to obtain.
ocasión NOUN (f). opportunity.
Oceanía PROPER NOUN. Oceania.
ochenta NUMBER. eighty.
ocho NUMBER. eight.
ocio NOUN (m). free time, leisure.
octubre NOUN (m). October.

ocultar VERB. to hide.
ocupar VERB. to occupy.
ocuparse R. VERB. to take care of something.
ocurrir VERB. to happen.
odiar VERB. to hate.
oeste NOUN (m). West.
oferta NOUN (f). offer.
oficial ADJECTIVE. official.
oficina NOUN (f). office.
ofrecer VERB. to offer.
ofrenda sagrada NOUN (f). religious offence.
oh EXCLAMATION. oh. [expression of awe, surprise, pain or realization]
oido NOUN (m). hearing.
oír VERB. to hear.
ojalá EXCLAMATION. I hope so, hopefully.
ojalá EXCLAMATION. I hope so, let's hope so, God willing.
ojo EXCLAMATION. watch out, take note.
ojo NOUN (m). eye.
ojo EXCLAMATION. look out, watch out.
oler VERB. to smell.
olé EXCLAMATION. expression of encouragement and approval.
oliva NOUN (f). olive.
olor NOUN (m). smell.
olvidar VERB. to forget.
once NUMBER. eleven.
onírica ADJECTIVE. dreamlike, oneiric.
ONU NOUN (f). UN.
opción NOUN (f). option.
operación NOUN (f). operation.
operar VERB. to operate.
opinar VERB. to think.
opinión NOUN (f). opinion.
oportunidad NOUN (f). opportunity.
oposición NOUN (f). opposition.
optar VERB. to decide to.
optimista NOUN (m)(f). optimist.
opuesto ADJECTIVE. opposite.
oración NOUN (f). phrase.
oración de relativo NOUN (f). relative clause.
orca NOUN (f). killer whale.
orden NOUN (m). order.
ordenador NOUN (m). computer.
ordenador portátil NOUN (m). laptop.
ordenar VERB. organize.
oreja NOUN (f). ear.
organillo NOUN (m). barrel organ.
organizar VERB. to organize.
orgullo NOUN (m). pride.
orgulloso ADJECTIVE. proud.
orientación NOUN (f). orientation.
origen NOUN (m). origin.
original ADJECTIVE. original.
oro NOUN (m). gold.
ortografía NOUN (f). writing.
oscuro ADJECTIVE. dark.
oso NOUN (m). bear.
otoño NOUN (m). autumn, fall.
OVNI ABBREV. UFO. [objeto volador no identificado]
oye EXCLAMATION. hey.
oyente NOUN (m)(f). listener.

P - p

paciencia NOUN (f). patience.
paciente NOUN (m)(f). patient.
padre NOUN (m). father.
paella NOUN (f). typical Spanish rice dish.
paf EXCLAMATION. bang.
pagar VERB. to pay.
pagar a medias VERB PHRASE. to go halves.
pagar a plazos VERB PHRASE. to pay in stages.
pago NOUN (m). payment.
paisaje NOUN (m). countryside.
paisano NOUN (m). countryman.
país NOUN (m). country.
País Vasco PROPER NOUN. Basque Country.
paje NOUN (m). page.
palabra NOUN (f). word.
palacio NOUN (m). palace.
paladar NOUN (m). palate.
palanca NOUN (f). lever, handle.
palillo NOUN (m). toothpick.
paliza NOUN (f). beating, thrashing.
palmadita NOUN (f). clap.
palmas NOUN (f). clapping.
palo NOUN (m). stick, club.
pan NOUN (m). bread.
pan tostado NOUN (m). toast.
panadería NOUN (f). bakery.
pandilla NOUN (f). gang.
panel NOUN (m). board.
pantalla NOUN (f). screen.
pantalones NOUN (m). trousers.
pantalones vaqueros NOUN (m). jeans.
pañuelo NOUN (m). handkerchief.
Papá Noel PROPER NOUN. Father Christmas.
papel NOUN (m). paper, sheet.
papel higiénico NOUN (m). toilet paper.
papelera NOUN (f). waste paper basket.
papelería NOUN (f). stationers.
paperas NOUN (f). mumps.
paquete NOUN (m). packet.
par ADJECTIVE. even (number).
parada NOUN (f). stop.
paradero NOUN (m). location, whereabouts.
paradigma NOUN (m). paradigm.
paradisíaco ADJECTIVE. paradisiacal.
paraguas NOUN (m). umbrella.
paraiso NOUN (m). paradise.
parapente NOUN (m). paragliding.
parar VERB. to stop.
parcialmente ADVERB. partly.
parece que PHRASE. it seems like.
parecer VERB. to seem.
parecido NOUN (m). similar.
pared NOUN (f). wall.
pareja NOUN (f). couple.
paréntesis NOUN (m). brackets.
pariente NOUN (m)(f). relative.

parlamento NOUN (m). parliament.
paro NOUN (m). unemployment.
parque NOUN (m). park.
parque acuático NOUN (m). water park.
parranda NOUN (f). spree.
parte NOUN (f). part.
parte NOUN (m). report, record.
participar VERB. to participate in.
participio NOUN (m). participant.
partida NOUN (f). game.
partido NOUN (m). match.
partido de ajedrez NOUN (m). chess match.
pasado NOUN (m). past.
pasado mañana PHRASE. the day after tomorrow.
pasaje NOUN (m). passage, fare.
pasajero NOUN (m). passenger.
pasaporte NOUN (m). passport.
pasar VERB. to happen.
pasar miedo VERB PHRASE. to be scared.
pasarlo bomba VERB PHRASE. to have a great time.
pasear VERB. to go for a walk.
paseo NOUN (m). walk.
pasillo NOUN (m). corridor, hallway, aisle.
pasión NOUN (f). passion.
paso NOUN (m). step.
paso del tiempo NOUN (m). as time goes by.
pasta NOUN (f). cash (slang).
pastel NOUN (m). pastry, cake.
pastelería NOUN (f). patisserie, bakery.
pastilla NOUN (f). pill, tablet.
pastor NOUN (m). shepherd.
pata NOUN (f). leg.
patas arriba ADJECTIVE. very untidy.
patata NOUN (f). potato.
patatas fritas NOUN (f). French fries.
patinete NOUN (m). scooter.
patio NOUN (m). patio.
patria NOUN (f). mother land.
payaso NOUN (m). clown.
payo NOUN (m). non-gypsy.
paz NOUN (f). peace.
pájaro NOUN (m). bird.
pálido ADJECTIVE. pale.
párroco NOUN (m). parish.
peatón NOUN (m). pedestrian.
pecera NOUN (f). fish bowl.
pecho NOUN (m). breast.
pectorales NOUN (m). pectoral muscles (pecs).
peculiar ADJECTIVE. strange.
pedazo NOUN (m). piece, bit.
pedir VERB. to ask for.
pegar VERB. to stick.
pegarse R. VERB. to fight.
peinarse R. VERB. to comb.
peine NOUN (m). comb.
peladilla NOUN (f). sugared almond.
pelar VERB. to peel.
pelear VERB. to fight.
pelicula del Oeste NOUN (f). western movie.
peligro NOUN (m). danger.
peligroso ADJECTIVE. dangerous.
película NOUN (f). film, movie.
película de vaqueros NOUN (f). cowboy movie.

pelo NOUN (m). hair.
pelota NOUN (f). ball.
peluca NOUN (f). wig.
peludo ADJECTIVE. hairy.
peluquería NOUN (f). hairdresser.
peluquero NOUN (m). hairdresser.
pena NOUN (f). pity.
pendiente NOUN (m). earring.
Península PROPER NOUN. Peninsula.
pensar VERB. to think.
pensativo ADJECTIVE. pensive, thoughtful.
pensión NOUN (f). pension.
peña NOUN (f). rock, cliff, crowd, club, fan club.
peonza NOUN (f). spinning top.
peor ADJECTIVE. worse.
pepino NOUN (m). cucumber.
pepona NOUN (f). doll (paper-mâché).
pequeño ADJECTIVE. small/little.
pera NOUN (f). pear.
percepción NOUN (f). perception.
percha NOUN (f). clothes hanger.
perdedor NOUN (m). loser.
perder VERB. to lose.
perdición NOUN (f). ruin.
perdiz NOUN (f). partridge.
perdón EXCLAMATION. sorry, pardon me. [excuse me]
perezoso ADJECTIVE. lazy.
perfectamente ADVERB. perfectly.
perfecto ADJECTIVE. perfect.
perfume NOUN (m). perfume.
periferia NOUN (f). periphery.
periodismo NOUN (m). journalism.
periodista NOUN (m)(f). journalist.
periódico NOUN (m). newspaper.
perífrasis NOUN (f). paraphrase.
permanecer VERB. to stay.
permiso NOUN (m). permit.
permiso EXCLAMATION. excuse me, pardon me.
permitir VERB. to permit.
pero CONJUNCTION. but.
perplejidad NOUN (f). perplexity.
perro NOUN (m). dog.
persecución NOUN (f). persecution.
perseguir VERB. to pursue, chase.
persiana NOUN (f). window blind.
persona NOUN (f). person.
personaje NOUN (m). character.
personal ADJECTIVE. personal.
persuadir VERB. to persuade.
pertenecer VERB. to belong to.
pertenencia NOUN (f). belonging.
perturbación NOUN (f). worry, disturbed.
Perú PROPER NOUN. Peru.
pesa NOUN (f). weight.
pesadilla NOUN (f). nightmare.
pesado ADJECTIVE. annoying.
pesar VERB. to weight.
pescadería NOUN (f). fish mongers.
pescado NOUN (m). fish.
pescar VERB. to fish.
peso NOUN (m). weight.
petición NOUN (f). request.
petróleo NOUN (m). crude oil.
pez NOUN (m). fish.
pérdida NOUN (f). loss.

pérdida de tiempo NOUN (f). waste of time.
PGR ABBREV. Attorney General. [La Procuraduría General de la República - Mexico]
piano NOUN (m). piano.
picardía NOUN (f). craftiness, naughtiness.
pie NOUN (m). foot.
piedra NOUN (f). stone.
piel NOUN (f). skin.
pierna NOUN (f). leg.
pijama NOUN (m). pajamas.
pila NOUN (f). battery.
pila NOUN (f). kitchen sink.
piloto NOUN (m). pilot, driver.
pimiento NOUN (m). pepper.
pinchar VERB. to prick, puncture, burst.
pinchito NOUN (m). snack, tapa.
pintalabios NOUN (m). lipstick.
pintar VERB. to paint.
pintor NOUN (m). painter.
pintoresco ADJECTIVE. picturesque.
pintura NOUN (f). painting.
pinza NOUN (f). forceps, tweezers.
pirata NOUN (m). pirate.
pirámide NOUN (f). pyramid.
Pirineo PROPER NOUN. Pyrenees.
piropo NOUN (m). compliment.
pisar VERB. step.
piscina NOUN (f). swimming-pool.
piso NOUN (m). flat, apartment.
pista NOUN (f). slope.
pisto NOUN (m). ratatouille.
pistola NOUN (f). pistol.
pizarra NOUN (f). blackboard.
pizza NOUN (f). pizza.
placer NOUN (m). pleasure.
plan NOUN (m). plan.
plancha NOUN (f). iron.
plano NOUN (m). map.
planta NOUN (f). plant.
planta del pie NOUN (f). sole of the foot.
plantear VERB. to raise (a question), suggest.
plantilla NOUN (f). stencil.
plata NOUN (f). silver.
plato NOUN (m). plate.
playa NOUN (f). beach.
plaza NOUN (f). square.
plaza de toros NOUN (f). bull ring.
plazo NOUN (m). deadline.
plástico NOUN (m). plastic.
plátano NOUN (m). banana, plaintain.
pleistoceno NOUN (m). Pleistocene era (Pre-Historic).
plenamente ADVERB. totally, completely.
pluma NOUN (f). feather.
plural NOUN (m). plural.
plusmarquista NOUN (m)(f). record holder.
población NOUN (f). population.
pobre ADJECTIVE. poor.
pocas veces ADVERB. rarely.
poco ADJECTIVE. few, not many.
poco a poco PHRASE. little by little.
poder VERB. can.
poderes mágicos NOUN (m). magic powers.
poesía NOUN (f). poetry.
poeta NOUN (m). poet.

polémica NOUN (f). polemic, scandal.
policía NOUN (f). police.
polivalente ADJECTIVE. versatile, multipurpose.
político NOUN (m). politician.
pollo NOUN (m). chicken.
Polo Norte PROPER NOUN. North Pole.
polvo NOUN (m). dust.
poner VERB. to put.
poner en remojo VERB PHRASE. to soak.
poner fin a VERB PHRASE. to end, put an end to.
poner la mesa VERB PHRASE. to lay the table.
ponerse a VERB PHRASE. to start, put one's mind to.
ponerse en contacto con VERB PHRASE. to contact someone.
popular ADJECTIVE. popular.
popularidad NOUN (f). popularity.
por PREPOSITION. multiplied by.
por anticipado PHRASE. in advance.
por Dios EXCLAMATION. for God's sake, by God.
por eso EXCLAMATION. that's what I meant.
por esta razón PHRASE. that is why.
por favor EXCLAMATION. please.
por favor EXCLAMATION. please.
por lo tanto PHRASE. so, therefore.
por mi cuenta PHRASE. on my own.
por otra parte PHRASE. also.
por separado PHRASE. separately.
por supuesto PHRASE. sure.
por tanto PHRASE. so, therefore.
por un lado PHRASE. on one hand.
por último ADVERB. lastly, finally.
pormenor NOUN (m). detail.
porque CONJUNCTION. because.
porras EXCLAMATION. shit.
portal NOUN (m). doorway, portal.
portarse R. VERB. to behave.
portavoz NOUN (m)(f). spokesman, spokeswoman.
portátil NOUN (m). portable, laptop.
portería NOUN (f). front desk, goal (soccer), caretaker's office.
Portugal PROPER NOUN. Portugal.
portugúes ADJECTIVE. Portuguese.
poseedor NOUN (m). owner.
posesión NOUN (f). possession.
posesivo ADJECTIVE. possessive (quality).
posguerra NOUN (f). post-war.
posibilidad NOUN (f). possibility.
positivo ADJECTIVE. positive.
postal NOUN (f). postcard.
posterior ADJECTIVE. afterwards, a posteriori.
posteriormente ADVERB. later.
postre NOUN (m). pudding, dessert.
postura NOUN (f). posture.
pozo NOUN (m). pool.
practicar VERB. to practise.
práctico ADJECTIVE. practical.

precario ADJECTIVE. precarious.
precaución NOUN (f). precaution.
preceder VERB. to precede.
precepto NOUN (m). precept.
preciarse R. VERB. to appreciate.
precio NOUN (m). price.
precioso ADJECTIVE. beautiful, lovely.
precisamente ADVERB. precisely.
precisar VERB. need.
preciso ADJECTIVE. exact.
predecir VERB. to predict.
predicción NOUN (f). prediction.
preferencia NOUN (f). preference.
preferir VERB. to prefer.
prefijo NOUN (m). prefix.
pregunta NOUN (f). question.
preguntar VERB. to ask.
preguntón ADJECTIVE. inquisitive, nosy.
prejuicio NOUN (m). prejudice.
premio NOUN (m). prize.
Premio Nobel PROPER NOUN. Nobel Prize.
premonitorio ADJECTIVE. premonitory.
prenda de vestir NOUN (f). item of clothing.
prensa NOUN (f). press.
preocupación NOUN (f). worry.
preocuparse R. VERB. to be worried.
preparar VERB. to prepare.
preparar la comida VERB PHRASE. make lunch/dinner.
preparativo NOUN (m). preparation.
preparativos NOUN (m). preparations.
preposición NOUN (f). preposition.
presagio NOUN (m). omen.
presencia NOUN (f). presence.
presenciar VERB. to witness.
presentar VERB. to present, to introduce.
presentarse R. VERB. to introduce oneself.
presente NOUN (m). present tense.
presidente NOUN (m)(f). president.
preso NOUN (m). prisoner.
prestar VERB. to lend.
prestigio NOUN (m). prestige.
presumir VERB. to boast, show off.
presupuesto NOUN (m). estimate, pro forma invoice.
pretender VERB. to intend, to pretend.
prima NOUN (f). cousin.
primavera NOUN (f). spring.
primer plato NOUN (m). first course.
primero ADJECTIVE. first.
primo NOUN (m). cousin.
principal ADJECTIVE. main.
prisión NOUN (f). prison.
privado ADJECTIVE. private.
príncipe NOUN (m). prince.
probabilidad NOUN (f). probability.
probador NOUN (m). changing room.
probar VERB. to try.

probar fortuna VERB PHRASE. to try one's luck.
problema NOUN (m). problem.
procedente ADJECTIVE. from.
proceso NOUN (m). process.
proclamar VERB. to proclaim.
producir VERB. to produce.
producto NOUN (m). product.
producto lácteo NOUN (m). dairy product.
profesional ADJECTIVE. professional.
profesión NOUN (f). profession.
profesor NOUN (m). teacher, professor.
profesora de español NOUN (f). Spanish teacher.
profundamente ADVERB. deeply.
profundo ADJECTIVE. deep.
programa NOUN (f). program.
prohibición NOUN (f). prohibition.
prohibir VERB. to prohibit.
prolongado ADJECTIVE. prolonged, lengthy.
prolongar VERB. to extend.
promesa NOUN (f). promise.
prometedor ADJECTIVE. promising.
prometer VERB. to promise.
promoción NOUN (f). promotion.
pronto ADVERB. soon.
pronunciación NOUN (f). pronunciation.
pronunciar VERB. to pronounce.
propiedad NOUN (f). property.
propina NOUN (f). tip.
propio ADJECTIVE. own.
proporcionar VERB. to bring.
proporción NOUN (f). proportion.
propuesta NOUN (f). proposal.
protagonista NOUN (m)(f). protagonist.
protección NOUN (f). protection.
proteger VERB. to protect.
provincia NOUN (f). province.
provisto ADJECTIVE. provided, planned.
provocar VERB. to provoke.
proyectar VERB. to project.
proyecto NOUN (m). project.
proyector NOUN (m). projector.
próximo ADJECTIVE. next.
prueba NOUN (f). proof, trial.
prueba de amor NOUN (f). proof of love, love challenge.
psicólogo NOUN (m). psychologist.
Psícología NOUN (f). Psychology.
PU ABBREV. Puebla. [Mexican state]
puaj EXCLAMATION. ew, gross.
publicación NOUN (f). publication.
publicar VERB. to publish.
publicidad NOUN (f). publicity.
pucha EXCLAMATION. expresses pity, disappointment, sympathy. [Chile, colloquial]
pudor NOUN (m). modesty, shame.
pueblo NOUN (m). village.
puente NOUN (m). long weekend.
puerta NOUN (f). door.
puerta de embarque NOUN (f). boarding gate.
puerto NOUN (m). harbour.
puerto NOUN (m). mountain pass.
pues CONJUNCTION. so.

puesto de mando NOUN (m). control position.
puesto de trabajo NOUN (m). job, post.
pum EXCLAMATION. bang, pop, boom.
puntilloso ADJECTIVE. perfectionist.
punto EXCLAMATION. that's it.
punto cardinal NOUN (m). cardinal point.
punto de venta NOUN (m). outlet.
punto y coma NOUN (m). semi-colon.
puntual ADJECTIVE. punctual.
puntuar VERB. to punctuate, mark.
puñetazo NOUN (m). punch.
pupitre NOUN (m). desk.
pureza NOUN (f). purity.
purgatorio NOUN (m). purgatory.
puro NOUN (m). cigar.
público ADJECTIVE. public.
público oyente NOUN (m). audience.
p. ABBREV. p. [página]
p. m. ABBREV. p.m.

Q - q

q ABBREV. Used in SMS for que and qué. [texting, Internet]
QE ABBREV. Querétaro. [Mexican state]
QR ABBREV. Quintana Roo. [Mexican state]
que aproveche EXCLAMATION. bon appétit, enjoy your meal.
quedar bien VERB PHRASE. to cause a good impression.
quedar con alguien VERB PHRASE. to arrange to meet someone.
quedarse R. VERB. to stay.
quedarse a la zaga VERB PHRASE. to lag behind.
quejarse VERB PHRASE. to complain.
quejica NOUN (m)(f). whiner, moaner.
quemado ADJECTIVE. burnt.
quemarse R. VERB. to get burnt.
querer VERB. to want.
queso NOUN (m). cheese.
qué lástima EXCLAMATION. what a shame.
qué pasada EXCLAMATION. wow, holy cow, holy shit. [indicates surprize or amazement]
qué pena EXCLAMATION. what a pity.
qué tal EXCLAMATION. what's up.
qué tal está? EXCLAMATION. how are you.
qué tal? EXCLAMATION. how are you.
qué te pasa, calabaza EXCLAMATION. what's up. [colloquial, humorous]

qué va EXCLAMATION. come on, no way, of course not. [indicates refusal or disbelief - colloquial]
quia EXCLAMATION. denotes incredulity. [Spain]
quieto ADJECTIVE. stopped, quiet.
quince NUMBER. fifteen.
quinto ADJECTIVE. fifth.
quiosco NOUN (m). kiosk.
quitar VERB. to take away.
quizás ADVERB. maybe.

R - r

racional ADJECTIVE. rational.
ración NOUN (f). portion.
radio NOUN (f). radio.
radiocasete NOUN (m). tape-recorder.
raíz NOUN (f). root.
rama NOUN (f). branch.
ramo NOUN (m). bouquet, bunch, branch.
rancho NOUN (m). ranch.
ranura NOUN (f). groove, slot.
rapidez NOUN (f). speed.
raptar VERB. to kidnap.
raro ADJECTIVE. strange.
rascacielos NOUN (m). skyscraper.
rasgo NOUN (m). characteristic.
rastro NOUN (m). flea market.
rata NOUN (f). rat.
rato NOUN (m). moment.
ratón NOUN (m). mouse.
rayo NOUN (m). lightning.
razonable ADJECTIVE. reasonable.
razonamiento NOUN (m). reasoning.
razonar VERB. to reason.
razón NOUN (f). reason.
rápido ADJECTIVE. fast.
reaccionar VERB. to react.
reacción NOUN (f). reaction.
reajustar VERB. to readjust.
realidad NOUN (f). reality.
realización NOUN (f). making (of).
realizar VERB. to do.
rebajas NOUN (f). sales.
recaudador de impuestos NOUN (m). tax collector.
recepción NOUN (f). reception.
receta NOUN (f). recipe.
rechazar VERB. to reject.
rechazo NOUN (m). rejection.
recibir VERB. to receive.
reciclaje NOUN (m). recycling.
reciclarse (trabajo) R. VERB. to re-train.
reciente ADJECTIVE. recent.
recientemente ADVERB. recently.
recinto NOUN (m). area.
recipiente NOUN (m). container, bowl.
recital NOUN (m). concert.
reclamacíon NOUN (f). complaint.
recoger VERB. to pick up.
recogida NOUN (f). the pick up.

recomendación NOUN (f). recommendation.
recomendar VERB. to recommend.
reconducir VERB. to re-direct.
reconstrucción NOUN (f). reconstruction.
reconstruir VERB. to reconstruct.
recordar VERB. to remember.
recorrido NOUN (m). route.
rectificar VERB. to rectify.
recuadro NOUN (m). frame.
recuerdo NOUN (m). memory.
recurso NOUN (m). resource.
red NOUN (f). net.
redacción NOUN (f). writing.
redactar VERB. to write.
reducido ADJECTIVE. reduced.
reducir VERB. to reduce.
referéndum NOUN (m). referendum.
referirse R. VERB. to refer to.
reflejar VERB. to reflect.
reflexionar VERB. to think over.
reflexión NOUN (f). reflection.
reforma NOUN (f). reform.
reforzar VERB. to reinforce.
refrán NOUN (m). saying.
refresco NOUN (m). soft drink.
refugiarse en el extranjero VERB PHRASE. to go into exile.
refugio NOUN (m). refuge.
regalo NOUN (m). present.
regañar VERB. to scold, tell off.
regar VERB. to water.
regatear VERB. to bargain.
región NOUN (f). region.
regirse R. VERB. to be guided (by rules).
registrarse R. VERB. to register.
regla NOUN (f). rule.
regresar VERB. to come back.
regreso NOUN (m). return.
regular VERB. regular.
rehacer VERB. to re-do.
rehusar VERB. to reject.
reina NOUN (f). queen.
reincidente ADJECTIVE. relapsing.
Reino Unido PROPER NOUN. United Kingdom.
reinstauración NOUN (f). reinstate.
reirse R. VERB. to laugh.
relacionar VERB. to relate.
relaciones públicas NOUN (m)(f). public relations.
relación NOUN (f). relation.
relajación NOUN (f). relaxation.
relajado ADJECTIVE. relaxed.
relajante ADJECTIVE. relaxing.
relajar VERB. to relax.
relajarse R. VERB. to relax.
relato NOUN (m). story, tale.
relevante ADJECTIVE. relevant.
religioso ADJECTIVE. religious.
religión NOUN (f). religion.
rellenar VERB. to fill in.
relleno ADJECTIVE. stuffed, filled.
reloj NOUN (m). clock, watch.
reloj de arena NOUN (m). hour-glass, egg-timer.
rematar la noche VERB PHRASE. to round off the night.
remedio NOUN (m). remedy.
remitente NOUN (m). sender.
remolino NOUN (m). whirlwind, crowd.

remordimiento NOUN (m). regret.
rendimiento NOUN (m). performance, yield.
rendirse R. VERB. to give up.
renovable ADJECTIVE. renewable.
renovar VERB. to extend, to renovate.
renunciar VERB. to give up, relinquish.
repartir VERB. to hand out, share.
repentino ADJECTIVE. sudden.
repetición NOUN (f). repetition.
repetidamente ADVERB. repeatedly.
repetir VERB. to repeat.
repollo NOUN (m). cabbage.
reportero NOUN (m). reporter.
representante NOUN (m)(f). representative.
representar VERB. to represent.
representativo NOUN (m). representative.
reproducción NOUN (f). reproduction.
repulsivo ADJECTIVE. repulsive.
república NOUN (f). republic.
resaltado ADJECTIVE. highlighted.
resaltar VERB. to make stand out, highlight.
rescatar VERB. to rescue.
resentirse R. VERB. to suffer, feel the effects.
reserva NOUN (f). reservation, booking.
reservar VERB. to reserve.
resfriado ADJECTIVE. sick with a cold.
residencia NOUN (f). residence.
residir VERB. to live.
residual ADJECTIVE. residual.
resignación NOUN (f). resignation.
resistir VERB. to resist.
resolver VERB. to resolve.
respectivo ADJECTIVE. respective.
respecto a PHRASE. regarding.
respetar VERB. to respect.
respeto NOUN (m). respect.
respiración NOUN (f). breathing.
respirar VERB. to breathe.
responder VERB. to answer.
respuesta NOUN (f). answer.
restaurante NOUN (m). restaurant.
restaurar VERB. to restore.
resto NOUN (m). rest.
restringido ADJECTIVE. restricted.
resultado NOUN (m). result.
resultar fácil VERB PHRASE. to be easy.
resumen NOUN (m). summary.
resumir VERB. to resume.
retirada de efectivo NOUN (f). cash withdrawal.
retirar VERB. to take out.
retirarse R. VERB. to retire.
reto NOUN (m). challenge.
retornable ADJECTIVE. returnable, reusable.
retorno NOUN (m). return.
retrasar VERB. to delay.
retrasarse R. VERB. to get delayed.
retraso NOUN (m). delay.
retrato NOUN (m). portrait.

reunión NOUN (f). meeting.
revalorizar VERB. to revalue.
revelación NOUN (f). revelation.
reverencia NOUN (f). reverence, bow.
reverso NOUN (m). reverse, back.
revisión NOUN (f). revision, inspection.
revisor NOUN (m). ticket inspector.
revista NOUN (f). magazine.
revolucionario ADJECTIVE. revolutionary.
rey NOUN (m). king.
Reyes Magos PROPER NOUN. the Three Kings.
rezar VERB. to pray.
rico ADJECTIVE. rich.
ridículo ADJECTIVE. ridiculous.
riesgo NOUN (m). risk.
rincón NOUN (m). corner.
rinoplastia NOUN (f). nose job.
riñon NOUN (m). kidney.
riojano ADJECTIVE. from La Rioja.
riqueza NOUN (f). wealth.
ritmo NOUN (m). rhythm.
ritmo de vida NOUN (m). lifestyle.
rito NOUN (m). rite.
ritual NOUN (m). ritual.
rizado ADJECTIVE. curly.
río NOUN (m). river.
robar VERB. to rob.
robo NOUN (m). robbery.
rococó NOUN (m). rococo.
rodaje NOUN (m). shooting (movie).
rodear VERB. to be surrounded by.
rodilla NOUN (f). knee.
rogar VERB. to ask.
rojo ADJECTIVE. red.
rollo NOUN (m). roll, reel, nuisance, pain, bore.
romano ADJECTIVE. Roman.
romántico ADJECTIVE. romantic.
romper VERB. to break.
ron NOUN (m). rum.
ronco ADJECTIVE. hoarse.
ropa NOUN (f). clothes.
ropa interior NOUN (f). underwear.
rosa NOUN (f). rose.
rotación NOUN (f). rotation.
roto ADJECTIVE. broken.
rotulador NOUN (m). felt tip pen.
rubio ADJECTIVE. blond.
rueda NOUN (f). wheel.
ruido NOUN (m). noise.
ruidoso ADJECTIVE. noisy.
rumano NOUN (m). Rumanian.
ruptura NOUN (f). break-up.
ruso ADJECTIVE. Russian.
ruta NOUN (f). route.

S - s

saber VERB. to know.
sabor NOUN (m). taste, flavour.
sabroso ADJECTIVE. tasty.
sacar VERB. to get out from.

sacar el carné de conducir VERB PHRASE. to take your driving licence.
sacar una entrada VERB PHRASE. to buy a ticket.
saco de dormir NOUN (m). sleeping bag.
safari NOUN (m). safari.
sagrado ADJECTIVE. sacred.
sal NOUN (f). salt.
sala NOUN (f). (conference) room.
sala de espera NOUN (f). waiting room.
salario NOUN (m). salary.
sale EXCLAMATION. ok. [Mexico]
salida NOUN (f). exit.
salir VERB. to leave.
salmón NOUN (m). salmon.
salpicado ADJECTIVE. splashed.
saltar VERB. to jump.
salto NOUN (m). jump.
salud EXCLAMATION. bless you. [said to somebody who has sneezed]
salud EXCLAMATION. cheers. [the usual toast when drinking alcohol]
salud NOUN (f). health.
saludar VERB. to greet.
saludo NOUN (m). greeting.
salvaje ADJECTIVE. wild.
salvar VERB. to save.
sandalias NOUN (f). sandals.
sandía NOUN (f). watermelon.
Sanfermines PROPER NOUN. Fiesta in Pamplona.
sangre NOUN (f). blood.
sangría NOUN (f). sangria.
sanguínea ADJECTIVE. bloody.
sano ADJECTIVE. healthy.
saqueador NOUN (m). pillager.
sardina NOUN (f). sardine.
sartén NOUN (m). frying pan.
satisfacción NOUN (f). satisfaction.
satisfacer VERB. to satisfy.
satisfactorio ADJECTIVE. satisfactory.
sauna NOUN (f). sauna.
sábado NOUN (m). Saturday.
sábana NOUN (f). sheet.
sácate EXCLAMATION. do not dare, do not even think it, forget it, get out.
secador de pelo NOUN (m). hair-dryer.
seco ADJECTIVE. dry.
secretaria NOUN (f). secretary.
secta NOUN (f). sect.
sector NOUN (m). sector.
secuencia NOUN (f). sequence.
secuestrar VERB. to kidnap.
sed NOUN (f). thirst.
seda NOUN (f). silk.
sede NOUN (f). headquarters.
seducir VERB. to seduce.
seguir VERB. to continue, follow.
seguir + gerundio VERB PHRASE. to keep on/continue + ...ing.
segundo ADJECTIVE. second.
seguro ADJECTIVE. secure.
según PREPOSITION. depending on, according to.

seis NUMBER. six.
seleccionar VERB. to select.
sello NOUN (m). stamp.
selva NOUN (f). jungle.
semana NOUN (f). week.
Semana Santa PROPER NOUN. Easter.
semanal ADVERB. weekly.
semáforos NOUN (m). traffic light.
semestre NOUN (m). semester.
semilla NOUN (f). seed.
sencillo ADJECTIVE. simple.
senderismo NOUN (m). hiking, walking.
sensación NOUN (f). sensation.
sensato ADJECTIVE. sensible.
sentarse R. VERB. to sit down.
sentido NOUN (m). sense, meaning.
sentimental ADJECTIVE. sentimental.
sentimiento NOUN (m). feeling.
sentir VERB. to feel, regret.
señal NOUN (f). sign, indication.
señalar VERB. to point out.
señas de identidad NOUN (f). character traits.
señor NOUN (m). mister.
señorita NOUN (f). miss.
separación NOUN (f). separation.
separar VERB. to separate.
separarse R. VERB. to separate (from someone).
septiembre NOUN (m). September.
sepultar VERB. to bury.
sequía NOUN (f). drought.
ser VERB. be.
ser humano NOUN (m). human being.
sereno ADJECTIVE. calm.
serie NOUN (f). series.
seriedad NOUN (f). seriousness.
serio ADJECTIVE. serious.
serpiente NOUN (f). snake.
serrar VERB. to saw.
servicio doméstico NOUN (m). domestic help.
servicio militar NOUN (m). military service.
servicios NOUN (m). toilet, washroom, bathroom.
servir VERB. to be used for, to serve.
sesenta NUMBER. sixty.
sesión NOUN (f). session.
setenta NUMBER. seventy.
sevillana NOUN (f). Andalusian dance.
sexo NOUN (m). sex.
sé EXCLAMATION. yeah. [colloquial, Chile]
shock NOUN (m). shock.
si CONJUNCTION. if.
SI ABBREV. Sinaloa. [Mexican state]
siempre ADVERB. always.
sierra NOUN (f). mountains, ridge, saw.
siesta NOUN (f). siesta, nap.
siete NUMBER. seven.
siglo NOUN (m). century.

significado NOUN (m). meaning.
significar VERB. to signify.
significativo ADJECTIVE. significant.
signo NOUN (m). sign.
siguiente ADJECTIVE. following.
silencio NOUN (m). silence.
silencioso ADJECTIVE. silent.
silla NOUN (f). chair.
sillón NOUN (m). armchair.
similar ADJECTIVE. similar.
simio NOUN (m). simian.
simón EXCLAMATION. yes. [colloquial, Mexico, Guatemala]
simpático ADJECTIVE. nice, friendly.
simultaneidad NOUN (f). synchronicity.
simultáneo ADVERB. simultaneously.
sin PREPOSITION. without.
sin blanca PHRASE. penniless, broke.
sin embargo PHRASE. nevertheless.
sin parar PHRASE. without stopping.
sincero ADJECTIVE. sincere.
sincronizar VERB. synchronize.
sindicato NOUN (m). (trade) union.
singular ADJECTIVE. singular.
siniestro total NOUN (m). total write-off.
sinónimo NOUN (m). synonym.
sintonía NOUN (f). tuning.
sistema NOUN (m). system.
sitio NOUN (m). place.
situación NOUN (f). situation.
situar VERB. to place, locate.
sí EXCLAMATION. yes.
sí hombre EXCLAMATION. oh, c'mon.
símbolo NOUN (m). symbol.
síntoma NOUN (m). symptom.
SL ABBREV. San Luis Potosí. [Mexican state]
so EXCLAMATION. woah.
SO ABBREV. Sonora. [Mexican state]
sobrar VERB. be left over, be too many.
sobre NOUN (m). envelope.
sobrenatural ADJECTIVE. super-natural.
sobrenombre NOUN (m). name and origin.
sobresalto NOUN (m). consternation.
sobrina NOUN (f). niece.
sobrino NOUN (m). nephew.
sociable ADJECTIVE. sociable.
socialista ADJECTIVE. socialist.
sociedad NOUN (f). society.
sociocultural ADJECTIVE. socio-cultural.
socorro EXCLAMATION. help.
sofá NOUN (m). sofa.
sol NOUN (m). sun.
soldado NOUN (m). soldier.
soleado ADJECTIVE. sunny.
soledad NOUN (f). solitude.
solemne ADJECTIVE. solemn.

solemnidad NOUN (f). seriousness, solemnity.
soler VERB. to be in the habit of, usually.
solicitar VERB. to apply for.
solicitud NOUN (f). application.
solidario ADJECTIVE. supportive.
solitario ADJECTIVE. solo.
sollozo NOUN (m). sob.
solo ADJECTIVE. alone.
soltero NOUN (m). single.
solterón NOUN (m). confirmed bachelor.
solucionar VERB. to sort out.
solución NOUN (f). solution.
sombra NOUN (f). shadow.
sombrero NOUN (m). hat.
sonar VERB. to sound.
sonámbulo NOUN (m). sleep-walker.
sonido NOUN (m). sound.
sonreir VERB. to smile.
soñar VERB. to dream.
sopa NOUN (f). soup.
soplar VERB. to blow.
soportar VERB. to put up with.
sordo ADJECTIVE. deaf.
sorpresa NOUN (f). surprise.
soso ADJECTIVE. boring.
sota NOUN (f). knave, jack (in cards.
sólo ADVERB. only.
Sr ABBREV. Mr. [Señor]
Sra ABBREV. Mrs. [Señora]
Sres ABBREV. Messrs. [Señores]
Srta ABBREV. Miss. [Señorita]
Stgo. ABBREV. Santiago de Chile.
suave ADJECTIVE. soft.
submarinismo NOUN (m). scuba-diving.
subrayar VERB. to underline.
subterráneo ADJECTIVE. underground.
subyacer VERB. to underlie.
suceder VERB. to happen.
sucesivamente ADVERB. successively.
sucesivo ADJECTIVE. successive.
suceso NOUN (m). event, occurrence.
sucio ADJECTIVE. dirty.
sudamericano ADJECTIVE. South American.
sudar VERB. to sweat.
Sudáfrica PROPER NOUN. South Africa.
Suecia NOUN (f). Sweden.
sueco ADJECTIVE. Swedish.
suegra NOUN (f). mother-in-law.
suegros NOUN (m). parents-in-law.
suelo NOUN (m). floor.
sueño NOUN (m). dream, sleep.
suerte NOUN (f). luck, fortune.
suerte EXCLAMATION. good luck.
suficiente ADJECTIVE. enough.
sufrir VERB. to suffer.
sugerencia NOUN (f). suggestion.
sugerir VERB. to suggest.

suicidarse R. VERB. to commit suicide.
Suiza PROPER NOUN. Switzerland.
sumar VERB. to add up.
superar VERB. to get over, surpass.
superdotado ADJECTIVE. exceptionally gifted, genius.
superior ADJECTIVE. superior.
superioridad NOUN (f). superiority.
superlativo NOUN (m). superlative.
supermercado NOUN (m). supermarket.
superstición NOUN (f). superstition.
supervivencia NOUN (f). survival.
suponer VERB. to suppose.
suposición NOUN (f). supposition.
supositorio NOUN (m). suppository.
sur NOUN (m). South.
suspender VERB. to fail.
suspiro NOUN (m). sigh.
sustantivo NOUN (m). noun.
susto NOUN (m). shock.
S. ABBREV. St. (Saint, female). [Santa]
S. ABBREV. St. (Saint, male). [San, santo]
S.A. ABBREV. Incorporated (Inc.), Limited liability company (LLC). [Sociedad Anónima]
s/n ABBREV. number unknown. [abbreviation of sin número]
s/n ABBREV. name unknown. [abbreviation of sin nombre]

T - t

TA ABBREV. Tamaulipas. [Mexican state]
tabaco NOUN (m). tobacco.
taberna NOUN (f). inn, bar, tavern.
tabla NOUN (f). table.
tablero NOUN (m). panel, board.
tablón NOUN (m). board.
tacaño ADJECTIVE. mean, tight-fisted, cheap.
tachar VERB. to cross out, reject.
tacos NOUN (m). typical Mexican dish.
tacón NOUN (m). heel.
tal ADJECTIVE. such.
tal vez PHRASE. maybe.
talla NOUN (f). size.
taller NOUN (m). workshop, where something gets repaired.
talón NOUN (m). heel.
tamaño NOUN (m). size.
también ADVERB. also, too.
tambor NOUN (m). drum.
tampoco ADVERB. neither.
tan ADVERB. so.
tan como ADVERB. as.
tango NOUN (m). tango.

tanto ADVERB. so much.
tantos ADVERB. so many.
tapa NOUN (f). snack.
tapar VERB. to cover.
tapear VERB. to have tapas.
tapiz NOUN (m). tapestry.
tapón NOUN (m). plug, jam.
taquilla NOUN (f). ticket office.
tarántula NOUN (f). tarantula.
tardanza NOUN (f). delay.
tarde ADJECTIVE. late.
tarea NOUN (f). task.
tarifa NOUN (f). tariff.
tarima NOUN (f). platform.
tarjeta NOUN (f). card.
tarjeta de crédito NOUN (f). credit card.
tarta NOUN (f). cake.
tasca NOUN (f). small bar.
taxi NOUN (m). taxi.
taxista NOUN (m)(f). taxi driver.
tb ABBREV. también. [texting, Internet]
TB ABBREV. Tabasco. [Mexican state]
TCM ABBREV. a.k.a. (also known as). [también conocido como]
teatro NOUN (m). theatre.
tebeo NOUN (m). comic.
techo NOUN (m). ceiling.
teclado NOUN (m). keyboard.
teclear VERB. to type.
tejido NOUN (m). material, tissue.
tela NOUN (f). material, cloth.
teleadicto NOUN (m). TV addict.
telebasura NOUN (f). trashy television shows.
teledirigido ADJECTIVE. operated by remote control.
telenovela NOUN (f). soap opera.
telespectador NOUN (m). TV viewer.
televisión NOUN (f). television.
televisión en color NOUN (f). color TV.
televisor NOUN (m). television.
teléfono NOUN (m). telephone.
teléfono móvil NOUN (m). mobile pone.
telón NOUN (m). theatre curtain.
tema NOUN (m). theme.
temblor NOUN (m). tremor, shudder.
temor NOUN (m). fear.
temperatura NOUN (f). temperature.
templado ADJECTIVE. lukewarm.
temporada NOUN (f). season.
temporal ADJECTIVE. temporary.
temprano ADJECTIVE. early.
tender VERB. to hang up.
tender la ropa VERB PHRASE. to hang out the washing.
tener VERB. to have.
tener calor VERB PHRASE. to be hot.
tener cuidado VERB PHRASE. to be careful, take care.
tener en cuenta VERB PHRASE. to take into consideration.
tener ganas VERB PHRASE. to want to do something.
tener hambre VERB PHRASE. to be hungry.
tener mala cara VERB PHRASE. to not look well.
tener pinta VERB PHRASE. to look as if.

tener que VERB PHRASE. to have to, must.
tener razón VERB PHRASE. to be right.
tener sed VERB PHRASE. to be thirsty.
tener sueño VERB PHRASE. to be tired.
teniente NOUN (m). lieutenant.
tenis NOUN (m). tennis.
tensión NOUN (f). tension, pressure.
teñirse R. VERB. to dye.
terapia NOUN (f). therapy.
tercera edad NOUN (f). old age.
tercero ADJECTIVE. third.
terciopelo NOUN (m). velvet.
terco ADJECTIVE. stubborn.
terminación NOUN (f). ending.
terminado ADJECTIVE. finished.
terminar VERB. to end.
termostato NOUN (m). thermostat.
ternera NOUN (f). beef.
terraza NOUN (f). terrace.
terrible ADJECTIVE. terrible.
territorio NOUN (m). territory.
terror NOUN (m). terror.
terso ADJECTIVE. smooth, glossy.
tertulia NOUN (f). get-together, reading group.
tesis NOUN (f). thesis.
testigo NOUN (m). witness.
texto NOUN (m). text.
té NOUN (m). tea.
técnica NOUN (f). technique.
ticket de compra NOUN (m). receipt.
tictac EXCLAMATION. tick tock.
tiempo NOUN (m). time.
tiempo libre NOUN (m). free-time.
tienda NOUN (f). shop.
tienda de campaña NOUN (f). tent.
tienda de ropa NOUN (f). boutique, clothes shop.
tierno ADJECTIVE. tender.
tierra NOUN (f). ground, earth.
tijeras NOUN (f). scissors.
tinta NOUN (f). dye, ink.
tinte NOUN (m). ink.
tintero NOUN (m). inkwell.
tipo NOUN (m). kind.
tiquismiquis NOUN (m)(f). fussy person, fuss.
tirado ADJECTIVE. dead easy, dirt cheap.
tirar VERB. to throw.
tirita NOUN (f). plaster.
titulación NOUN (f). degree, academic qualifications.
titulado ADJECTIVE. certified, qualified, entitled.
titular NOUN (m). title.
tímido ADJECTIVE. shy.
tío NOUN (m). uncle.
típico ADJECTIVE. typical.
TL ABBREV. Tlaxcala. [Mexican state]
toalla NOUN (f). towel.
tocar VERB. to touch.
toda mi vida PHRASE. all my life.
todavía ADVERB. still.
todavía no PHRASE. not yet.
todo recto PHRASE. straight on.
todos, -as ADJECTIVE. all.
todo, toda ADJECTIVE. all.
tolerante ADJECTIVE. tolerant.

tomar VERB. to take.
tomar el sol VERB PHRASE. to sunbathe.
tomar notas VERB PHRASE. to take notes.
tomate NOUN (m). tomato.
tonalidad NOUN (f). tone.
tono NOUN (m). tone.
tontería NOUN (f). stupid thing.
tonto ADJECTIVE. stupid.
torero NOUN (m). bullfighter.
tormenta NOUN (f). storm.
tornillo NOUN (m). screwdriver.
toro NOUN (m). bull.
torre NOUN (f). tower.
tortilla NOUN (f). tortilla.
tortuga NOUN (f). tortoise.
tos NOUN (f). cough.
tos ferina NOUN (f). whooping cough.
toser VERB. to cough.
tostada NOUN (f). toast.
tópico NOUN (m). stereotype.
TQM ABBREV. I love you a lot. [te quiero mucho - texting, Internet]
traba NOUN (f). bond, hindrance.
trabajador NOUN (m). worker.
trabajar VERB. to work.
trabajo NOUN (m). work.
tradicional ADJECTIVE. traditional.
tradición NOUN (f). tradition.
traducción NOUN (f). translation.
traducir VERB. to translate.
traer VERB. to bring.
tragedia NOUN (f). tragedy.
traje NOUN (m). suit.
tramitar VERB. to deal with, process.
trampa NOUN (f). trap, ambush.
tranquilidad NOUN (f). tranquillity.
tranquilizar VERB. to calm down.
tranquilo ADJECTIVE. quiet.
tranquilo EXCLAMATION. relax.
transcripción NOUN (f). transcription.
transcurrir VERB. to happen, to pass.
transformar VERB. to transform.
transición NOUN (f). transition.
transmisión NOUN (f). transmission.
transmitir VERB. to transmit.
transparente ADJECTIVE. transparent.
transporte NOUN (m). transport.
trapo NOUN (m). cloth.
tras PREPOSITION. after.
trasladar VERB. to move, relocate.
trasladarse R. VERB. to move (residence).
trasplantar VERB. to transplant.
trastero NOUN (m). junk room.
trasto NOUN (m). piece of junk, domestic appliance.
tratamiento NOUN (m). treatment.
tratante de esclavos NOUN (m). slave-trader.
tratar VERB. to treat.
tratarse R. VERB. to be about.
trato NOUN (m). relationship.
traumatismo NOUN (m). traumatism.
trayecto NOUN (m). route.
trayectoria NOUN (f). career.
trazar VERB. draft, sketch.
tráfico NOUN (m). traffic.

tránsito NOUN (m). transit.
trece NUMBER. thirteen.
treinta NUMBER. thirty.
tren NOUN (m). train.
tren de cercanías NOUN (m). local network train.
tres NUMBER. three.
triángulo NOUN (m). triangle.
trimestre NOUN (m). trimester.
tripa NOUN (f). belly, stomach.
triste ADJECTIVE. sad.
tristeza NOUN (f). sadness.
triunfar VERB. to triumph.
triunfo NOUN (m). triumph.
trofeo NOUN (m). trophy.
trono NOUN (m). throne.
tropezar VERB. to trip.
tropical ADJECTIVE. tropical.
trovador NOUN (m). minstrel.
trozo NOUN (m). piece.
trucha NOUN (f). trout.
trueno NOUN (m). thunder.
tubo de escape NOUN (m). exhaust pipe.
tuerca NOUN (f). nut (like with screws).
tuerto ADJECTIVE. one-eyed.
tumbarse R. VERB. to lie down.
tumor NOUN (m). tumor.
turco ADJECTIVE. Turkish.
turismo NOUN (m). tourism.
turno NOUN (m). shift.
Turquía NOUN (f). Turkey.
tutear VERB. to speak on familiar terms.
tutor NOUN (m). tutor.
túnica NOUN (f). tunic, robe.
TVE ABBREV. TV España.

U - u

ubicar VERB. to place.
Uds. ABBREV. you (plural, formal). Abbreviated form of ustedes.
Ud. ABBREV. you (singular, formal). Abbreviated form of usted.
uh EXCLAMATION. used to express disappointment or disdain.
unicamente ADVERB. only.
unidad NOUN (f). unit.
unión NOUN (f). union.
Unión Europea PROPER NOUN. European Union.
unir VERB. to bring together.
universidad NOUN (f). university.
universitario NOUN (m). university student.
ups EXCLAMATION. oops.
urbe NOUN (f). city.
urgente ADJECTIVE. urgent.
Uruguay PROPER NOUN. Uruguay.
usar VERB. to use.
uso NOUN (m). use.
usuario NOUN (m). user.
utensilio NOUN (m). utensil.
utilizar VERB. to use.
uva NOUN (f). grape.
uy EXCLAMATION. alternative spelling of huy.

V - v

vaca NOUN (f). cow.
vacaciones NOUN (f). holidays.
vacío ADJECTIVE. empty.
vago ADJECTIVE. lazy.
vaguear VERB. to idle, loaf around.
vajilla NOUN (f). dinner service.
vale EXCLAMATION. okay. [Spain]
valentía NOUN (f). bravery.
valer VERB. to be worth.
validez NOUN (f). validity.
valiente ADJECTIVE. brave.
valioso ADJECTIVE. worthy.
valle NOUN (m). valley.
valor NOUN (m). value.
valoración NOUN (f). evaluation.
valorar VERB. to value, to evaluate.
variado ADJECTIVE. varied.
variar VERB. to vary.
varias veces PHRASE. several times.
variedad NOUN (f). variety.
variz NOUN (f). varicose veins.
varonil ADJECTIVE. manly, virile.
vaso NOUN (m). glass.
Vaticano PROPER NOUN. Vatican.
vaya por Dios! EXCLAMATION. oh my god!
VC ABBREV. Veracruz. [Mexican state]
Vds. ABBREV. you (plural, formal). [ustedes]
Vd. ABBREV. (you). Abbreviated form of usted.
vecino NOUN (m). neighbour.
vehículo NOUN (m). vehicle.
veinte NUMBER. twenty.
velar VERB. to mourn someone.
vencer VERB. to beat, defeat, conquer.
venda NOUN (f). bandage.
Venecia PROPER NOUN. Venice.
veneno NOUN (m). poison, venom.
Venezuela PROPER NOUN. Venezuela.
venir VERB. to come.
ventaja NOUN (f). advantage.
ventana NOUN (f). window.
ventanilla NOUN (f). ticket window, box office, counter.
ventas NOUN (f). sales.
ver VERB. to see.
ver la tele VERB PHRASE. to watch TV.
verano NOUN (m). summer.
verbena NOUN (f). open air party with a band.
verbo NOUN (m). verb.
verbo reflexivo NOUN (m). reflexive verb.
verdad NOUN (f). truth.
verde ADJECTIVE. green.
verdugo NOUN (m). tyrant, executioner.
verdura NOUN (f). vegetable.

vergüenza NOUN (f). shame, disgrace.
verificar VERB. verify, check.
versión NOUN (f). version.
vertido NOUN (m). dump.
vestido NOUN (m). dress.
vestirse R. VERB. to get dressed.
Veterinaria PROPER NOUN. Veterinary Science.
vez NOUN (f). time.
viaducto NOUN (m). viaduct; very long weekend (coll. Spain)
viajar VERB. to travel.
viaje NOUN (m). trip.
viaje de ensueño NOUN (m). dream holiday.
viaje de negocios NOUN (m). business trip.
viajero NOUN (m). traveller.
victima NOUN (f). victim.
victoria NOUN (f). victory.
vida NOUN (f). life.
vida nocturna NOUN (f). nightlife.
video NOUN (m). video.
video musical NOUN (m). music videos.
viejo ADJECTIVE. old.
viento NOUN (m). wind.
viernes NOUN (m). Friday.
viga NOUN (f). beam, rafter.
vigilar VERB. to watch.
vinagre NOUN (m). vinegar.
vino NOUN (m). wine.
violencia NOUN (f). violence.
violento ADJECTIVE. violent.
virginidad NOUN (f). virginity.
visado NOUN (m). visa.
visión NOUN (f). vision.
visita NOUN (f). visit.
visitar VERB. to visit.
vista panorámica NOUN (f). panoramic view.
vistazo NOUN (m). glance.
viuda NOUN (f). widow.
vivienda NOUN (f). house, dwelling.
vivir VERB. to live.
vía NOUN (f). railway line.
Vmd. ABBREV. (your grace). abbreviation of vuestra merced.
vocal NOUN (m). vocal, vowel.
volar VERB. to fly.
volcán NOUN (m). volcano.
volumen NOUN (m). volume.
volver VERB. go/come back.
volver a + infinitivo VERB PHRASE. to do something again.
volverse loco VERB PHRASE. to go mad.
votación NOUN (f). voting.
votar VERB. to vote.
voto NOUN (m). vote.
voz NOUN (f). voice.
vómito NOUN (m). to be sick, vomit.
vuelo NOUN (m). flight.

X - x

xenófobo ADJECTIVE. xenophobic.

Y - y

y CONJUNCTION. and.
y un huevo EXCLAMATION. no way, no way José. [idiomatic, colloquial]
ya ADVERB. already.
YC ABBREV. Yucatan. [Mexican state]
yerno NOUN (m). son-in-law.
yo sabré EXCLAMATION. it is my life.
yoga NOUN (m). yoga.
yogur NOUN (m). yoghurt.
y/o ABBREV. and/or.

Z - z

ZA ABBREV. Zacatecas. [Mexican state]
za EXCLAMATION. scat, get out of here. [usually said to an animal]
zanahoria NOUN (f). carrot.
zapatero NOUN (m). cobbler, shoemaker.
zapato NOUN (m). shoe.
zapping NOUN (m). channel-hopping.
zarpar VERB. to set sail.
zas EXCLAMATION. bang.
zoco NOUN (m). souk.
zona NOUN (f). zone.
zona central NOUN (f). city center, downtown.
zona peatonal NOUN (f). pedestrian zone.
zoológico NOUN (m). zoo.
zorro NOUN (m). fox.
zueco NOUN (m). clog.
zumo de frutas NOUN (m). fruit juice.
zurdo ADJECTIVE. left-handed.

A - a

a posteriori Adj. **posterior**
a.k.a. Abb. **TCM**
a.m. Abb. **a. m.**
abacus N. (m) **ábaco**
abandon V. **abandonar**
abdomen N. (m) **abdomen**
abdominal muscles N. (m) **abdominales**
about Prp. **alrededor de**
above Prp. **encima**
absence N. (f) **ausencia**
absenteeism N. (m) **absentismo**
abstemious Adj. **abstemio**
absurd Adj. **absurdo**
abundant Adj. **abundante**
abuse N. (m) **abuso**
AC Abb. **CA**
academic Adj. **académico**
academic qualifications N. (f) **titulación**
academy N. (f) **academia**
accelerate V. **acelerar**
accent N. (m) **acento**
accept V. **aceptar**
acceptance N. (f) **aceptación**
accessories N. (m) **complementos**
accident N. (m) **accidente**
accommodation N. (m) **alojamiento**
accomplice N. (m/f) **cómplice**
according to Prp. **según**
account N. (f) **cuentas**
accounting N. (f) **contabilidad**
accounts N. (f) **finanzas**
accuser N. (m/f) **denunciante**
ace N. (m) **as**
achoo Excl. **achís**
acquire V. **adquirir**
act N. (m) **acto**
V. **actuar**
action N. (f) **acción**
actively Adv. **activamente**
activity N. (f) **actividad**
actor N. (m) **actor**
actually Adv. **en realidad**
adaptation N. (f) **adaptación**
add V. **añadir**
V. **echar**
add up V. **sumar**
addict N. (m) **adicto**
address N. (f) **dirección**
address book N. (f) **agenda**
adequate Adj. **adecuado**
adjective N. (m) **adjetivo**
administrative assistant N. (m) **administrativo**
admire V. **admirar**
adolescent N. (m/f) **adolescente**
adopted Adj. **adoptado**
adore V. **adorar**
V. **encantar**
adult N. (m) **adulto**
adultery N. (m) **adulterio**
advance N. (m) **avance**
V. **avanzar**

advantage N. (f) **ventaja**
adventure N. (f) **aventura**
adventurer N. (m) **aventurero**
adverb N. (m) **adverbio**
advertisement N. (m) **anuncio**
N. (m) **anuncio de publicidad**
advice N. (m) **consejo**
advisable Adj. **conveniente**
advise V. **aconsejar**
V. **asesorar**
aesthetic Adj. **estético**
affair N. (m) **lío**
affect V. **afectar**
affected Adj. **cursi**
affectionate Adj. **cariñoso**
affiliate N. (m) **afiliado**
affirm V. **afirmar**
affirmation N. (f) **afirmación**
Africa Prop. **África**
African Adj. **africano**
after Adv. **al cabo de**
Prp. **tras**
afterwards Adv. **después**
Adj. **posterior**
age N. (f) **edad**
V. **envejecer**
agency N. (f) **agencia**
ago Adv. **hace**
agonizing Adj. **angustioso**
agree V. **concordar**
V phr. **estar de acuerdo**
agreement N. (m) **acuerdo**
N. (f) **concordancia**
N. (f) **conformidad**
Aguascalientes Abb. **AG**
ah Excl. **ah**
aha Excl. **ajá**
aim at V. **apuntar**
air conditioning N. (m) **aire acondicionado**
airline N. (f) **compañía aérea**
N. (f) **línea aérea**
airplane N. (m) **avión**
airport N. (m) **aeropuerto**
aisle N. (m) **pasillo**
alarm clock N. (m) **despertador**
alcohol N. (m) **alcohol**
Algiers Prop. **Argel**
align V. **alinear**
all Adj. **todos, -as**
Adj. **todo, toda**
all my life Phr. **toda mi vida**
allergy N. (f) **alergia**
allude to V. **aludir**
almond tree N. (m) **almendro**
almost always Adv. **casi siempre**
almost never Adv. **casi nunca**
alone Adj. **solo**
alphabet N. (m) **alfabeto**
already Adv. **ya**
also Phr. **por otra parte**
Adv. **también**
altar N. (m) **altar**
alternating current Abb. **CA**
although Conj. **aunque**
always Adv. **siempre**
amazing Adj. **alucinante**
ambassador N. (m) **embajador**
ambience N. (m) **ambiente**
ambush N. (f) **trampa**
amen Excl. **amén**
America Prop. **América**

American (U.S.) N. (m) **estadounidense**
amount N. (f) **cantidad**
amplify V. **ampliar**
América Latina Abb. **AL**
anachronism N. (m) **anacronismo**
analysis N. (m) **análisis**
and Conj. **y**
and so Excl. **ea**
and/or Abb. **y/o**
Andalusia Prop. **Andalucía**
Andalusian dance N. (f) **sevillana**
anecdote N. (f) **anécdota**
anesthetic N. (m) **estupefaciente**
anesthetist N. (m/f) **anestesista**
angle-poise lamp N. (m) **flexo**
angry Adj. **enfadado**
anguish N. (f) **angustia**
Excl. **huy**
anguished Adj. **angustioso**
animal N. (m) **animal**
animated Adj. **animado**
animation team N. (f) **animadora**
announce V. **anunciar**
announcer N. (m) **locutor**
annoy V. **fastidiar**
V. **molestar**
annoyance N. (m) **fastidio**
annoying Adj. **pesado**
anonymity N. (m) **anonimato**
answer V. **contestar**
V. **responder**
N. (f) **respuesta**
answering machine N. (m) **contestador**
antibiotic N. (m) **antibiótico**
antiquated Adj. **anticuado**
antiquity N. (f) **antigüedad**
antonym N. (m) **antónimo**
anxiety N. (f) **angustia**
N. (f) **ansia**
anxiolytic drug N. (f) **ansiolítica**
any Adj. **cualquier**
apart from that Adv. **además**
apartment N. (m) **apartamento**
Abb. **apto**
N. (m) **piso**
apathetic Adj. **apático**
aperitif N. (m) **aperitivo**
apocopation N. (m) **apócope**
apocope N. (m) **apócope**
apologize V ref. **disculparse**
apparently Adv. **al parecer**
appeal (to someone) V. **molar**
appear V. **aparecer**
appearance N. (f) **aparición**
N. (f) **apariencia**
N. (f) **comparecencia**
applause N. (m) **aplauso**
apple N. (f) **manzana**
application N. (f) **solicitud**
apply for V. **solicitar**
appointment N. (f) **cita**
appreciate V ref. **preciarse**
approval N. (f) **aprobación**
N. (m) **asentimiento**
approve V. **aprobar**
April N. (m) **abril**
apron N. (m) **delantal**
Arab Adj. **árabe**
Arabian Adj. **árabe**
architect N. (m) **arquitecto**

architecture N. (f) **arquitectura**
area N. (m/f) **área**
N. (m) **recinto**
Argentina Prop. **Argentina**
argue V. **argumentar**
argument N. (m) **argumento**
arm N. (m) **brazo**
arm in arm Phr. **agarrados del brazo**
armchair N. (f) **butaca**
N. (m) **sillón**
armed Adj. **armado**
Armed Forces Abb. **FF. AA.**
armed forces N. (f) **fuerzas armadas**
armed robbery N. (m) **atraco**
armour N. (f) **armadura**
around Prp. **alrededor de**
arrange to meet someone V phr. **quedar con alguien**
arrival N. (f) **llegada**
arrive V. **llegar**
art N. (m/f) **arte**
art gallery N. (f) **galería de arte**
arthritis N. (f) **artritis**
artichoke N. (f) **alcachofa**
artisan N. (m) **artesano**
as Adv. **como**
Adv. **tan como**
as little as possible Phr. **lo menos posible**
as time goes by N. (m) **paso del tiempo**
as you wish Excl. **como quiera**
Asia Prop. **Asia**
Asian N. (m) **asiático**

ask V. **preguntar**
V. **rogar**
ask for V. **pedir**
ask questions V phr. **hacer preguntas**
asparagus N. (m) **espárrago**
aspect N. (m) **aspecto**
aspirin N. (f) **aspirina**
assent N. (m) **asentimiento**
assistance N. (f) **asistencia**
associate V. **asociar**
assume V. **asumir**
assure V. **asegurar**
astronaut N. (m) **astronauta**
at symbol (@) N. (f) **arroba**
at the end (of) Phr. **a finales**
ATM N. (m) **cajero automático**
atmosphere N. (m) **ambiente**
N. (f) **atmósfera**
atmospheric Adj. **atmosférico**
atonic Adj. **átono**
attack N. (f) **agresión**
V. **atacar**
attempt V. **intentar**
N. (m) **intento**
attend V. **asistir**
attend to V. **atender**
attendant N. (f) **celador**
attention N. (f) **atención**
attentive Adj. **atento**
Attorney General Abb. **PGR**
attract V. **atraer**
attractive Adj. **atractivo**
attribute N. (m) **atributo**
audience N. (f) **audiencia**
N. (m) **público oyente**
augury N. (m) **augurio**

August N. (m) **agosto**
Australia Prop. **Australia**
authentic Adj. **castizo**
author N. (m) **autor**
autobiography N. (f) **autobiografía**
autograph N. (m) **autógrafo**
autonomous region Prop. **Comunidad Autónoma**
autumn N. (m) **otoño**
availability N. (f) **disponibilidad**
avenue N. (f) **avenida**
avoid V. **evitar**
awaken V. **despertar**
award-winning N. (m) **laureado**
away from home Phr. **fuera de casa**
awful Adj. **fatal**
ay Excl. **ay**
Aztec Adj. **azteca**

B - b

babysitter N. (m/f) **canguro**
bachelor party N. (f) **despedida de soltero**
back N. (f) **espalda**
N. (m) **reverso**
back to front Adv. **al revés**
backpack N. (f) **mochila**
bacon N. (m) **beicon**
bad luck N. (f) **desventura**
Excl. **mala suerte**
bad mistake (literally excrement) N. (f) **cagada**
bad(ly) Adv. **de pena**
badly Adv. **mal**
bag N. (f) **bolsa**
N. (m) **bulto**
Baja California Abb. **BCN**
Baja California Sur Abb. **BS**
bakery N. (f) **panadería**
N. (f) **pastelería**
balcony N. (m) **balcón**
bald Adj. **calvo**
ball N. (m) **balón**
N. (f) **pelota**
ballet N. (m) **ballet**
balloon N. (m) **globo**
ballsy Excl. **cojonudo**
banana N. (m) **plátano**
band N. (f) **franja**
bandage N. (f) **venda**
bang Excl. **paf**
Excl. **pum**
Excl. **zas**
bank N. (m) **banco**
baptize V. **bautizar**
bar N. (m) **bar**
N. (m) **local**
N. (f) **taberna**
Barcelona Abb. **BCN**
bargain N. (m) **chollo**
V. **regatear**
bark V. **ladrar**
barking Adj. **ladrador**
barracks N. (m) **cuartel**
barrel organ N. (m) **organillo**

barrels per day Abb. **bpd**
basic Adj. **básico**
basically Adv. **en principio**
basin N. (f) **dársena**
basket N. (f) **cesta**
basketball N. (m) **baloncesto**
Basque Country Prop. **País Vasco**
bath (tub) N. (f) **bañera**
bathe V ref. **bañarse**
bather N. (m) **bañista**
bathroom N. (m) **cuarto de baño**
N. (m) **servicios**
battery N. (f) **batería**
N. (f) **pila**
battle N. (f) **batalla**
BC (Before Christ) Abb. **a. de J.C.**
be V ref. **desvalorizarse**
V. **estar**
V. **ser**
be + ...ing V phr. **estar + gerundio**
be a (temporary profession) V phr. **estar de**
be about V. **consistir en**
V ref. **tratarse**
be amazed (colloquial) V. **flipar**
be based in/at Adj. **afincado**
be based on V ref. **basarse**
V. **estribar**
be bored V ref. **aburrirse**
be born V. **nacer**
be called V ref. **llamarse**
be careful Excl. **aguas**
V phr. **tener cuidado**
be connected Adj. **enchufado**
be different V ref. **diferenciarse**
be easy V phr. **resultar fácil**
be emancipated V ref. **emanciparse**
be embarrassed V ref. **cortarse**
be enough V. **bastar**
be equivalent N. (m) **equivaler**
be exhausted V phr. **estar hecho polvo**
be familiar with V. **conocer**
be fed up V phr. **estar harto**
be flooded with V ref. **inundarse**
be good with people N. (m) **don de gentes**
be guided V ref. **guiarse**
be guided (by rules) V ref. **regirse**
be hot V phr. **tener calor**
be hungry V phr. **tener hambre**
be immortalized V. **inmortalizar**
be in a bad mood V phr. **estar de mal humor**
be in a cast Adj. **escayolado**
be in fashion V phr. **estar de moda**
be in plaster Adj. **escayolado**
be in the habit of V. **soler**
be in trouble V ref. **liarse**
be left over V. **sobrar**
be liked V. **caer simpático**
V. **gustar**
be missing V. **faltar**
be necessary V phr. **hacer falta**
be obsessed V ref. **obsesionarse**
be recorded V. **constar**
be right V phr. **tener razón**
be scared V phr. **pasar miedo**

be sick N. (m) **vómito**
be surrounded by V. **rodear**
be thirsty V phr. **tener sed**
be tired V phr. **tener sueño**
be too many V. **sobrar**
be used for V. **servir**
be worried V ref. **preocuparse**
be worth V. **valer**
be wrong V phr. **estar equivocado**
beach N. (f) **playa**
beam N. (f) **viga**
bear N. (m) **oso**
beard N. (f) **barba**
beat V. **vencer**
beating N. (f) **paliza**
beautiful Adj. **hermoso**
Adj. **precioso**
beauty N. (f) **belleza**
beauty contest N. (m) **concurso de belleza**
because Phr. **debido a**
Conj. **porque**
because of Phr. **a causa de**
become V ref. **convertirse**
bed N. (f) **cama**
bedroom N. (m) **dormitorio**
bedside table N. (f) **mesilla de noche**
beef N. (f) **ternera**
beer N. (f) **cerveza**
before Adv. **antes**
begin V. **empezar**
V. **iniciar**
beginning N. (m) **inicio**
behave V ref. **comportarse**
V ref. **portarse**
behavior N. (m) **comportamiento**
N. (f) **conducta**
behind N. (m) **culo**
Prp. **detrás**
Belgium N. (f) **Bélgica**
believe V. **creer**
belly N. (f) **barriga**
N. (f) **tripa**
belly dancing N. (f) **danza del vientre**
belong to V. **pertenecer**
belonging N. (f) **pertenencia**
below zero Phr. **bajo cero**
belt N. (m) **cinturón**
bend (over) V. **doblar**
benefit from V. **beneficiar**
beret N. (f) **boina**
berth N. (f) **litera**
beside Prp. **al lado de**
besides Adv. **además**
bet V. **apostar**
N. (f) **apuesta**
better Adj. **mejor**
between Prp. **entre**
between friends Phr. **entre amigos**
beverage N. (f) **consumición**
beyond one's control Adj. **ajeno**
bible N. (f) **biblia**
bicycle N. (f) **bicicleta**
big Adj. **grande**
big eater N. (m) **comilón**
bikini N. (m) **bikini**
bilingual Adj. **bilingüe**
bill N. (f) **factura**
billfold N. (f) **cartera**
billiards N. (m) **billar**

binder N. (f) **carpeta**
binge N. (f) **juerga**
biography N. (f) **biografía**
biosphere N. (f) **biosfera**
bird N. (f) **ave**
N. (m) **pájaro**
birth N. (m) **nacimiento**
Adj. **natal**
birthday N. (m) **cumpleaños**
biscuit N. (f) **galleta**
bishop N. (m) **obispo**
bit N. (m) **pedazo**
black Adj. **negro**
blackboard N. (f) **pizarra**
blanket N. (f) **manta**
blast it Excl. **miéchica**
blender N. (f) **batidora**
bless V. **bendecir**
bless you Excl. **Jesús**
Excl. **salud**
blind Adj. **ciego**
blind date N. (f) **cita a ciegas**
blond Adj. **rubio**
blood N. (f) **sangre**
blood sausage N. (f) **morcilla**
bloody Adj. **sanguínea**
blot V. **emborronar**
blouse N. (f) **blusa**
blow N. (m) **golpe**
V. **soplar**
blue Adj. **azul**
board N. (m) **panel**
N. (m) **tablero**
N. (m) **tablón**
boarding gate N. (f) **puerta de embarque**
boast V. **presumir**
boat N. (m) **barco**
N. (f) **embarcación**
N. (m) **navío**
body N. (m) **cuerpo**
boil V. **hervir**
Bolivia Prop. **Bolivia**
bon appetit Excl. **buen apetito**
Excl. **buen provecho**
bon appétit Excl. **que aproveche**
bond N. (m) **bono**
N. (f) **traba**
bone N. (m) **hueso**
bonfire N. (f) **hoguera**
bonus N. (m) **bono**
book N. (m) **libro**
booking N. (f) **reserva**
bookstore N. (f) **librería**
boom Excl. **pum**
boots N. (f) **bota**
Bordeaux Prop. **Burdeos**
border N. (f) **aduana**
N. (f) **frontera**
bore N. (m) **rollo**
boredom N. (m) **aburrimiento**
boring Adj. **aburrido**
Adj. **soso**
boss N. (m) **jefe**
bottle N. (f) **botella**
bottled Adj. **embotellado**
bottom N. (m) **culo**
bouquet N. (m) **ramo**
boutique N. (f) **tienda de ropa**
bow N. (m) **lazo**
N. (f) **reverencia**
bow wow Excl. **guau**
bowl N. (m) **recipiente**
box N. (f) **caja**
box office N. (f) **ventanilla**

boy N. (m) **chico**
N. (m) **muchacho**
brace N. (m) **freno**
brackets N. (m) **paréntesis**
brake N. (m) **freno**
branch N. (f) **rama**
N. (m) **ramo**
brave Adj. **valiente**
bravery N. (f) **valentía**
Brazil Prop. **Brasil**
bread N. (m) **pan**
break N. (f) **fractura**
V. **romper**
breakfast N. (m) **desayuno**
break-up N. (f) **ruptura**
breast Adj. **mamario**
N. (m) **pecho**
breathe V. **respirar**
breathing N. (f) **respiración**
bride N. (f) **novia**
bridesmaid N. (f) **dama de honor**
brilliant Excl. **cojonudo**
Adj. **genial**
bring V. **proporcionar**
V. **traer**
bring face to face V. **enfrentar**
bring together V. **unir**
bristle N. (f) **cerda**
broadcast N. (f) **emisión**
brochure N. (m) **catálogo**
broke Phr. **sin blanca**
broken Adj. **estropeado**
Adj. **roto**
bronchitis N. (f) **bronquitis**
bronzed Adj. **bronceado**
brother-in-law N. (m) **cuñado**
brothers N. (m) **hermanos**
Abb. **hnos.**
brothers and sisters Abb. **hnos.**
brown Adj. **marrón**
Adj. **moreno**
browned Adj. **bronceado**
brush N. (f) **brocha**
brush one's teeth V phr. **lavarse los dientes**
Buenos Aires Abb. **Bs.As.**
building N. (m) **edificio**
building works N. (f) **obras**
bulge N. (m) **bulto**
bull N. (m) **toro**
bull ring N. (f) **plaza de toros**
bulletin N. (m) **boletín**
bullfight N. (f) **corrida de toros**
bullfighter N. (m) **torero**
bun (bread) N. (m) **bollo**
bunch N. (m) **ramo**
bundle N. (m) **bulto**
bunk N. (f) **litera**
burial N. (m) **entierro**
burn V. **arder**
burnt Adj. **quemado**
burro N. (m) **burro**
burst V. **pinchar**
bury V. **sepultar**
bus N. (m) **autobús**
N. (m) **autocar**
bushes N. (m) **matorral**
business N. (m) **negocio**
business studies
Prop. **Empresariales**
business trip N. (m) **viaje de negocios**
businessman N. (m) **empresario**
busy Adj. **liado**
busybody N. (m) **mirón**

but Conj. **pero**
butchers N. (f) **carnicería**
butler N. (m) **mayordomo**
butterfly N. (f) **mariposa**
buttocks N. (m) **glúteos**
button N. (m) **botón**
buy V. **comprar**
buy a ticket V phr. **sacar una entrada**
by contrast Phr. **en cambio**
by God Excl. **por Dios**
by means of Prp. **mediante**
bye Excl. **chau**

C - c

c'mon Excl. **sí hombre**
cabbage N. (m) **repollo**
cable N. (m) **cable**
café N. (m) **café**
cake N. (m) **pastel**
N. (f) **tarta**
calamari N. (m) **calamar**
calculate V. **calcular**
calendar N. (m) **calendario**
California Prop. **California**
call V. **llamar**
call to a meeting N. (f) **convocatoria**
call together V. **convocar**
calligraphy N. (f) **caligrafía**
calm N. (f) **calma**
Adj. **sereno**
calm down V. **tranquilizar**
calves N. (m) **gemelos**
camera N. (f) **cámara**
camomile N. (f) **manzanilla**
camp ground N. (m) **camping**
Campeche Abb. **CM**
camping N. (f) **acampada**
can N. (f) **lata**
V. **poder**
Canada Prop. **Canadá**
canal N. (m) **canal**
canapé N. (m) **canapé**
Canary Islands Prop. **Islas Canarias**
candidate N. (m) **candidato**
candle N. (m) **candil**
candy N. (m) **bombón**
N. (m) **caramelo**
N. (f) **golosina**
capable Adj. **capaz**
capacity N. (f) **capacidad**
capital N. (f) **capital**
capital letter N. (f) **letra mayúscula**
capricious Adj. **caprichoso**
capture N. (f) **captura**
car N. (m) **automóvil**
N. (m) **coche**
card N. (f) **ficha**
N. (f) **tarjeta**
cardboard N. (m) **cartón**
N. (f) **cartulina**
cardboard box N. (m) **cartón**
cardinal number N. (m) **número cardinal**

cardinal point N. (m) **punto cardinal**
cards N. (f) **cartas**
care N. (m) **cuidado**
career N. (f) **carrera**
N. (f) **trayectoria**
caregiver N. (m) **cuidador**
caretaker N. (m) **cuidador**
caretaker's office N. (f) **portería**
Caribbean Prop. **Caribe**
carnival N. (m) **carnaval**
carpet N. (f) **alfombra**
carriage N. (m) **carro**
N. (f) **carroza**
carrot N. (f) **zanahoria**
carry V. **llevar**
carry out V. **cumplir**
V phr. **llevar a cabo**
carrying out N. (m) **desempeño**
cash (slang) N. (f) **pasta**
cash withdrawal N. (f) **retirada de efectivo**
cashier N. (f) **cajera**
cash-point N. (m) **cajero automático**
castle N. (m) **castillo**
cat N. (m) **gato**
Catalan Adj. **catalán**
catch a disease V phr. **contraer una enfermedad**
catch sight of V. **entrever**
category N. (f) **categoría**
catering N. (f) **hostelería**
cathedral N. (f) **catedral**
catholic Adj. **católico**
catholisicm N. (m) **catolicismo**
cattle N. (m) **ganado**
caught Adj. **atrapado**
cauliflower N. (m) **coliflor**
cause a good impression V phr. **quedar bien**
cause pain V phr. **hacer daño**
cavalcade N. (f) **cabalgata**
cavalry N. (f) **caballería**
cave N. (f) **caverna**
N. (f) **cueva**
cavern N. (f) **caverna**
cease V. **cesar**
ceiling N. (m) **techo**
celebrate V. **celebrar**
celestial body N. (m) **cuerpo celeste**
cent N. (m) **céntimo**
centenary V. **centenar**
center N. (m) **centro**
centre N. (m) **centro**
century N. (m) **siglo**
ceremony N. (f) **ceremonia**
certain Adj. **cierto**
Adj. **determinado**
certified Adj. **titulado**
chain N. (f) **cadena**
chair N. (f) **silla**
chalet N. (m) **chalé**
challenge N. (m) **reto**
championship N. (m) **campeonato**
change V. **cambiar**
V ref. **cambiarse**
N. (m) **cambio**
changing room N. (m) **probador**
channel N. (m) **canal**
channel-hopping N. (m) **zapping**
chapel N. (f) **capilla**
character N. (m) **carácter**
N. (m) **personaje**

character traits N. (f) **señas de identidad**
characteristic N. (m) **rasgo**
characteristics N. (f) **características**
charge N. (m) **cargo**
V. **cobrar**
charger N. (m) **cargador**
charm N. (m) **encanto**
chase V. **perseguir**
chat V. **charlar**
V. **chatear**
cheap Adj. **barato**
Adj. **tacaño**
cheat on V. **engañar**
check V. **comprobar**
V. **verificar**
check out girl N. (f) **cajera**
check-in N. (f) **facturación**
cheer N. (m) **ánimo**
cheer up V. **animar**
cheerleader N. (f) **animadora**
cheers Excl. **nos vemos**
Excl. **salud**
cheese N. (m) **queso**
chemist N. (m) **farmacéutico**
chess N. (m) **ajedrez**
chess match N. (m) **partido de ajedrez**
chest of drawers N. (f) **cajonera**
N. (f) **cómoda**
Chiapas Abb. **CS**
chicken N. (m) **pollo**
Chihuahua Abb. **CH**
child N. (m) **niño**
childhood N. (f) **infancia**
N. (f) **niñez**
child-like Adj. **infantil**
chimney N. (f) **chimenea**
chin N. (f) **barbilla**
China Prop. **China**
Chinese Adj. **chino**
chip N. (f) **astilla**
N. (f) **ficha**
chocolate N. (m) **chocolate**
choir N. (m) **coro**
choose V. **elegir**
V. **escoger**
chop N. (f) **chuleta**
chores N. (m) **deberes**
christen V. **bautizar**
Christmas Prop. **Navidad**
Christmas Eve Prop. **Nochebuena**
chronic Adj. **crónico**
chronologically Adv. **cronológicamente**
church N. (f) **capilla**
N. (f) **iglesia**
churro (type of fried dough) N. (m) **churro**
cigar N. (m) **cigarro**
N. (m) **puro**
Cinderella Prop. **Cenicienta**
cinema N. (m) **cine**
cinematography N. (f) **cinematografía**
circle N. (m) **círculo**
circulate V. **circular**
circumstance N. (f) **circunstancia**
citizen N. (m) **ciudadano**
N. (m) **ciudadano**
city N. (f) **ciudad**
N. (f) **urbe**
city center N. (f) **zona central**
city counselor N. (m/f) **concejal**

civil Adj. **civil**
civil guard N. (m/f) **guardia civil**
Civil War Prop. **Guerra Civil**
civilization N. (f) **civilización**
clap N. (f) **palmadita**
clapping N. (f) **palmas**
clarity N. (f) **claridad**
class N. (f) **clase**
classic Adj. **clásico**
classify V. **clasificar**
classmate N. (m) **compañero**
classroom N. (f) **aula**
clean V. **limpiar**
Adj. **limpio**
cleanliness N. (f) **limpieza**
clear Adj. **claro**
clear up V. **aclarar**
clearance sale N. (f) **liquidación**
clerk N. (m) **funcionario**
cliché N. (m) **cliché**
client N. (m) **cliente**
cliff N. (f) **peña**
climate N. (m) **clima**
climatology N. (f) **climatología**
climb V. **escalar**
clock N. (m) **reloj**
clog N. (m) **zueco**
cloning N. (f) **clonación**
close V. **cerrar**
V. **clausurar**
close to Prp. **cerca**
closed Adj. **cerrado**
cloth N. (f) **tela**
N. (m) **trapo**
clothes N. (f) **ropa**
clothes hanger N. (f) **percha**
clothes shop N. (f) **tienda de ropa**
cloud N. (f) **nube**
cloudy Adj. **nublado**
clove N. (m) **clavo**
clown N. (m) **payaso**
club N. (m) **palo**
N. (f) **peña**
coach N. (m) **autocar**
Coahuila Abb. **CI**
coal oven N. (f) **brasa**
coarse Adj. **basto**
coast N. (f) **costa**
coat N. (m) **abrigo**
cobbler N. (m) **zapatero**
cock N. (m) **gallo**
cod N. (m) **bacalao**
code N. (f) **clave**
co-existence N. (f) **convivencia**
coffee N. (m) **café**
coffee machine N. (f) **cafetera**
coffee pot N. (f) **cafetera**
cognac N. (m) **coñac**
coherence N. (f) **coherencia**
cohesion N. (f) **cohesión**
coin N. (f) **moneda**
coincide V. **coincidir**
coincidence N. (f) **casualidad**
cold Adj. **frío**
N. (f) **gripe**
cold cut N. (m) **fiambre**
cold cuts N. (f) **charcutería**
cold cuts (pork derivatives) N. (m) **embutido**
cold tomato soup N. (m) **gazpacho**
Colima Abb. **CL**

colleague N. (m/f) **colega**
N. (m) **compañero**
collection N. (f) **colección**
collective N. (m) **colectivo**
collegiate N. (m) **colegiado**
cologne N. (f) **colonia**
colon N. (m) **dos puntos**
colonel N. (m) **colonel**
N. (m) **coronel**
color TV N. (f) **televisión en color**
colour N. (m) **color**
Columbia Prop. **Colombia**
column N. (f) **columna**
comb V ref. **peinarse**
N. (m) **peine**
combat N. (m) **combate**
combine V. **combinar**
come V. **venir**
come back V. **regresar**
come closer V. **acercar**
come face to face V phr. **encontrarse de frente**
come from V. **estribar**
come in Excl. **adelante**
come on Excl. **alá**
Excl. **anda**
Excl. **hala**
Excl. **hala**
Excl. **órale**
Excl. **qué va**
comfort N. (f) **comodidad**
comfortable Adj. **cómodo**
comic N. (m) **tebeo**
comma N. (f) **coma**
command N. (m) **dominio**
comment N. (m) **comentario**
commerce N. (m) **comercio**
commercial Adj. **comercial**
commit V. **cometer**
commit suicide V ref. **suicidarse**
commit to V ref. **comprometerse**
commitment N. (m) **compromiso**
communicate V. **comunicar**
communicative Adj. **comunicativo**
communist N. (m/f) **comunista**
community N. (f) **comunidad**
companion N. (m) **compañero**
company N. (f) **empresa**
comparative N. (m) **comparativo**
compare V. **comparar**
V. **contrastar**
compass N. (f) **brújula**
compensation N. (f) **indemnización**
competition N. (f) **competencia**
complain V ref. **lamentarse**
V phr. **quejarse**
complaint N. (f) **reclamacíon**
complete V. **completar**
completely Adv. **completamente**
Adv. **plenamente**
complexed (pyschologically) Adj. **acomplejado**
complicated Adj. **complicado**
compliment N. (m) **cumplido**
N. (m) **piropo**
compose V. **componer**
compulsive Adj. **compulsivo**
computer N. (m) **ordenador**
concede V. **conceder**
concentrate V ref. **concentrarse**
concentration N. (f) **concentración**
concept N. (m) **concepto**

concert N. (m) **concierto**
N. (m) **recital**
conclude V. **concluir**
conclusion N. (f) **conclusión**
condition N. (f) **condición**
conference N. (f) **conferencia**
N. (m) **congreso**
confession N. (f) **confesión**
confidence N. (f) **confianza**
confirm V. **confirmar**
V. **constatar**
confirmation N. (f) **confirmación**
confirmed bachelor N. (m) **solterón**
conflict N. (m) **conflicto**
conflictive Adj. **conflictivo**
confront V. **enfrentar**
confusing Adj. **confuso**
congratulate V. **felicitar**
congratulations
Excl. **enhorabuena**
Excl. **enhorabuena**
Excl. **felicidades**
congressman N. (m) **diputado**
conjecture N. (f) **conjetura**
conjugation N. (f) **conjugación**
conjunction N. (f) **conjunción**
connect V. **conectar**
connector N. (m) **conector**
conquer V. **vencer**
consent N. (m) **asentimiento**
N. (m) **consentimiento**
conservation N. (f) **conservación**
consider V. **considerar**
consolation N. (m) **consuelo**
console V. **consolar**
consolidation N. (m) **afianzamiento**
consortium N. (m) **consorcio**
constantly Adv. **constantemente**
consternation N. (m) **sobresalto**
constitution N. (f) **constitución**
construct V. **construir**
construction N. (f) **construcción**
construction site N. (f) **obras**
consul N. (m) **cónsul**
consult V. **consultar**
consultancy N. (m) **consultorio**
consume V. **consumir**
consumerist N. (m/f) **consumista**
consumption N. (m) **consumo**
contact N. (m) **contacto**
contact someone V phr. **ponerse en contacto con**
contain V. **contener**
container N. (m) **contenedor**
N. (m) **envase**
N. (m) **recipiente**
contamination N. (f) **contaminación**
contemporary Adj. **contemporáneo**
content N. (m) **contenido**
contest N. (m) **certamen**
N. (m) **concurso**
context N. (m) **contexto**
continuation N. (f) **continuación**
continue V. **continuar**
V. **seguir**
contract V. **contraer**
contraction N. (f) **contracción**
contracture N. (f) **contractura**
contrast N. (m) **contraste**

contrast with V. **contrastar**
contribute V. **aportar**
contribution N. (f) **aportación**
control N. (m) **control**
V. **controlar**
control position N. (m) **puesto de mando**
convalescence N. (f) **convalecencia**
convenient Adj. **conveniente**
convent N. (m) **convento**
conversation N. (f) **conversación**
convert V. **convertir**
convertible (car) N. (m) **descapotable**
convince V. **convencer**
cook V. **cocinar**
cookie N. (f) **galleta**
coordinate V. **coordinar**
cope V ref. **desenvolverse**
copper N. (m) **cobre**
copy N. (f) **copia**
cord N. (f) **cuerda**
cork N. (m) **corcho**
corn N. (m) **maíz**
corner N. (f) **esquina**
N. (m) **rincón**
cornet N. (m) **barquillo**
corny Adj. **cursi**
corporal Adj. **corporal**
correct Adj. **correcto**
V. **corregir**
correction N. (f) **corrección**
correspond V. **corresponder**
correspond with V phr. **mantener correspondencia**
corresponding Adj. **correspondiente**
corridor N. (m) **pasillo**
corrupt Adj. **corrupto**
cost V. **costar**
cotton N. (m) **algodón**
couchette N. (f) **litera**
cough N. (f) **tos**
V. **toser**
councilman N. (m/f) **concejal**
count V. **contar**
counter N. (m) **mostrador**
N. (f) **ventanilla**
countess N. (f) **condesa**
country N. (m) **país**
country estate N. (m) **cortijo**
countryman N. (m) **paisano**
countryside N. (m) **paisaje**
coup d'etat N. (m) **golpe de estado**
couple N. (f) **pareja**
courage Excl. **ánimo**
courgette N. (m) **calabacín**
course N. (m) **curso**
courtesy N. (f) **cortesía**
cousin N. (f) **prima**
N. (m) **primo**
cover V. **cubrir**
V. **tapar**
cow N. (f) **vaca**
cowboy movie N. (f) **película de vaqueros**
cozy Adj. **acogedor**
craftiness N. (f) **picardía**
crafts N. (f) **artesanía**
craving N. (m) **capricho**
craziness N. (f) **locura**
crazy Adj. **loco**

create V. **crear**
V. **montar**
creation N. (f) **creación**
creator N. (m) **creador**
credit N. (m) **crédito**
credit card N. (f) **tarjeta de crédito**
creeper (vine) N. (f) **enredadera**
cretin N. (m) **cretino**
crime N. (m) **crimen**
N. (f) **criminalidad**
crisis N. (f) **crisis**
crockery N. (m) **cacharros**
cross V. **atravesar**
V. **cruzar**
cross out V. **tachar**
crossword N. (m) **crucigrama**
crow N. (m) **cuervo**
crowd N. (f) **peña**
N. (m) **remolino**
crown N. (f) **corona**
crucifix N. (m) **crucifijo**
crude Adj. **crudo**
crude oil N. (m) **petróleo**
cry V. **llorar**

Cuba Prop. **Cuba**
Cuban Adj. **cubano**
cucumber N. (m) **pepino**
cultural Adj. **cultural**
culturally Adv. **culturalmente**
culture N. (f) **cultura**
cultured Adj. **culto**
cure N. (m) **cura**
cured ham N. (m) **jamón serrano**
curiosity N. (f) **curiosidad**
curious Adj. **curioso**
curly Adj. **rizado**
curtain N. (f) **cortina**
custom N. (f) **costumbre**
customer care Phr. **atención al usuario**
customs N. (f) **aduana**
cut V. **cortar**
cut oneself V ref. **cortarse**
cut short V. **acortar**
cutlery N. (f) **cubertería**
CV N. (m) **curriculum vitae**
cycle N. (m) **ciclo**
Czech Adj. **checo**

D - d

dairy product N. (m) **producto lácteo**
damn Excl. **carajo**
Excl. **chucha**
Excl. **coño**
Excl. **maldito**
Excl. **miéchica**
dance V. **bailar**
N. (m) **baile**
dancer N. (m) **bailarín**

danger N. (m) **peligro**
dangerous Adj. **peligroso**
Danish Adj. **danés**
dare V ref. **atreverse**
dark Adj. **oscuro**
dark-haired Adj. **moreno**
dash N. (m) **guión**

date N. (f) **cita**
N. (m) **dato**
N. (f) **fecha**
daughter N. (f) **hija**
dawn N. (m) **amanecer**
N. (m) **crepúsculo**
N. (f) **madrugada**
day N. (m) **día**
day dream N. (f) **ensoñación**
day laborer N. (m) **jornalero**
dead Adj. **muerto**
dead easy Adj. **tirado**
deadline N. (m) **plazo**
deaf Adj. **sordo**
deal with V. **tramitar**
death N. (f) **muerte**
debut N. (m) **debut**
decade N. (f) **década**
deceased N. (m/f) **difunto**
deceive V. **engañar**
December N. (m) **diciembre**
decide V. **decidir**
decide to V. **optar**
decision N. (f) **decisión**
deck (of cards) N. (f) **baraja**
declare V. **declarar**
V. **manifestar**
decorate V. **decorar**
decoration N. (m) **adorno**
dedicate V. **dedicar**
deduce V. **deducir**
deed N. (m) **hecho**
deep Adj. **profundo**
deeply Adv. **profundamente**
defeat V. **vencer**
defective Adj. **defectuoso**
defend V. **defender**
define V. **definir**
definite article N. (m) **artículo determinado**
degree N. (f) **carrera**
N. (f) **titulación**
degree (in) N. (f) **licenciatura**
delay V. **aplazar**
V. **retrasar**
N. (m) **retraso**
N. (f) **tardanza**
delighted Adj. **encantado**
democratically Adv. **democráticamen te**
demon N. (m) **demonio**
demonstrate V. **manifestar**
demonstration N. (f) **manifestación**
demonstrative pronoun N. (m) **demostrativo**
demote someone V. **destituir**
Denmark Prop. **Dinamarca**
denotes incredulity Excl. **quia**
dentist N. (m) **dentista**
deny V. **desmentir**
V. **negar**
department N. (m) **departamento**
Abb. **dpto**
department store N. (m) **grandes almacenes**
depend V. **depender**
depend on something V. **depender de algo**
depending on Prp. **según**
deposit N. (m) **depósito**
depressed Adj. **deprimido**
derive from V. **derivar**
descend V. **bajar**

describe V. **describir**
description N. (f) **descripción**
desert N. (m) **desierto**
designer N. (m) **diseñador**
desk N. (m) **escritorio**
N. (m) **pupitre**
desperate Adj. **desesperado**
dessert N. (m) **postre**
destination, destiny N. (m) **destino**
destroy V. **destruir**
detached Adj. **ajeno**
detached (house) N. (m) **adosado**
detail N. (m) **detalle**
N. (m) **pormenor**
detain V. **detener**
detective N. (m/f) **detective**
deterioration N. (m) **deterioro**
develop V. **desarollar**
V. **elaborar**
V. **evolucionar**
V. **gestar**
devil N. (m) **demonio**
dial N. (m) **dial**
dialogue N. (m) **diálogo**
diary N. (f) **agenda**
N. (m) **diario**
dictate V. **dictar**
dictation N. (m) **dictado**
dictatorship N. (f) **dictadura**
dictionary N. (m) **diccionario**
die V. **fallecer**
V. **morir**
diet N. (f) **dieta**
dietetics N. (f) **dietética**
differ V ref. **diferenciarse**
difference N. (f) **diferencia**
different Adj. **diferente**
Adj. **distinto**
difficult Adj. **difícil**
difficulty N. (f) **dificultad**
dignity N. (f) **dignidad**
N. (f) **honra**
diminutive N. (m) **diminutivo**
Adj. **diminuto**
diner N. (m/f) **comensal**
dining room N. (m) **comedor**
dinner N. (f) **cena**
dinner guest N. (m/f) **comensal**
dinner service N. (f) **vajilla**
diphthong N. (m) **diptongo**
diploma (in) N. (f) **diplomatura**
diplomat N. (m) **diplomático**
direct Adj. **directo**
director N. (m) **director**
dirt cheap Adj. **tirado**
dirty Adj. **sucio**
disadvantage N. (f) **desventaja**
N. (m) **inconveniente**
disagree V phr. **estar en desacuerdo**
disagreement N. (m) **desacuerdo**
disappear V. **desaparecer**
disappearance N. (m) **extravio**
disappeared Adj. **desaparecido**
disappointment N. (f) **decepción**
Excl. **pucha**
disaster N. (m) **desastre**
disastrous Adj. **desastroso**
discard V. **desechar**
discharge N. (m) **flujo**
disciple N. (m) **discípulo**
discipline N. (f) **disciplina**
disconnect V. **desconectar**

discotheque N. (f) **discoteca**
discount N. (m) **descuento**
discourteous Adj. **descortés**
discover V. **descubrir**
discovery N. (m) **descubrimiento**
discreet Adj. **discreto**
discuss V. **discutir**
disgrace N. (f) **vergüenza**
disguise oneself V ref. **disfrazarse**
disgusting Adj. **asqueroso**
disinfect V. **desinfectar**
disk N. (m) **disco**
dislike V. **despreciar**
V. **disgustar**
dismissal (from work) N. (m) **despido**
disorganized Adj. **desorganizado**
disrespect V. **despreciar**
distance N. (f) **distancia**
distant Adj. **lejano**
distinction N. (f) **distinción**
distressing Adj. **angustioso**
distribute V. **distribuir**
distribution N. (f) **distribución**
distributor N. (m) **distribuidor**
disturb V. **molestar**
disturbed N. (f) **perturbación**
ditch N. (f) **cuneta**
diversity N. (f) **diversidad**
divide V. **dividir**
divide up the bill Phr. **a escote**
division N. (f) **división**
divorce N. (m) **divorcio**
divorced Adj. **divorciado**
dizzy Adj. **mareado**
do V. **hacer**
V. **realizar**
do not dare Excl. **sácate**
do not even think it Excl. **sácate**
do something again V phr. **volver a + infinitivo**
dock N. (f) **dársena**
doctor N. (m) **médico**
doctor office N. (m) **consultorio**
document N. (m) **documento**
documentary N. (m) **documental**
dog N. (m) **perro**
do-it-yourself N. (m) **bricolaje**
doll N. (f) **muñeca**
doll (paper-mâché) N. (f) **pepona**
dollar N. (m) **dólar**
dollars Abb. **dls**
domain N. (m) **dominio**
domestic Adj. **doméstico**
domestic appliance N. (m) **trasto**
domestic help N. (m) **servicio doméstico**
don't mention it Excl. **de nada**
donkey N. (m) **burro**
doomed Adj. **aciago**
door N. (f) **puerta**
doorway N. (m) **portal**
dose N. (f) **dosis**
double Adj. **doble**
double parked Phr. **en doble fila**
doubt N. (f) **duda**
V. **dudar**
down Prp. **abajo**
downstairs Prp. **abajo**
downtown N. (f) **zona central**

dozens Adj. **decenas**
Dr. Abb. **Dr.**
draft N. (f) **maqueta**
V. **trazar**
draft beer (small) N. (f) **caña**
drama N. (m) **drama**
draw V. **dibujar**
drawer N. (m) **cajón**
drawing N. (m) **dibujo**
dream V. **soñar**
N. (m) **sueño**
dream holiday N. (m) **viaje de ensueño**
dreamlike Adj. **onírica**
dress N. (m) **vestido**
dress up V ref. **disfrazarse**
drink V. **beber**
N. (f) **bebida**
N. (f) **copa**
drinking (alcohol) N. (m) **copeo**
drive V. **conducir**
V phr. **dar una vuelta**
drive forward V. **impulsar**
drive someone crazy V. **enloquecer**
driver N. (m) **conductor**
N. (m) **piloto**
driving licence N. (m) **carné de conducir**
drizzle N. (f) **llovizna**
drought N. (f) **sequía**
Drs. Abb. **Drs.**
drug N. (f) **droga**
N. (m) **estupefaciente**
drum N. (m) **tambor**
dry Adj. **seco**
dry sherry N. (f) **manzanilla**
due to Phr. **debido a**
dumb Adj. **bobo**
Adj. **mudo**
dump N. (m) **vertido**
Durango Abb. **DU**
duration N. (f) **duración**
during Adv. **durante**
during the week Phr. **entre semana**
dusk N. (m) **atardecer**
dust N. (m) **polvo**
duty N. (m) **impuesto**
dwarf N. (m) **enano**
dwelling N. (f) **vivienda**
dye V ref. **teñirse**
N. (f) **tinta**

E - e

ear N. (f) **oreja**
earlier Adj. **anterior**
early Adj. **temprano**
earn V. **cobrar**
earn one's living V phr. **ganarse la vida**
earpiece N. (m) **auricular**
earring N. (m) **pendiente**
earth N. (f) **tierra**
earthenware jar N. (m) **botijo**
east N. (m) **este**
East European N. (m) **europeo oriental**
Easter Prop. **Semana Santa**

easy Adj. **fácil**
easy chair N. (f) **butaca**
eat V. **comer**
eccentric Adj. **excéntrico**
ecological Adj. **ecológico**
ecologist N. (m/f) **ecologista**
economical Adj. **económico**
economically Adv. **económicamente**
Economics Prop. **Económicas**
economist N. (m/f) **economista**
economy N. (f) **economía**
educate V. **educar**
education N. (f) **educación**
educational Adj. **educativo**
effective Adj. **efectivo**
effervescent Adj. **efervescente**
efficient Adj. **eficaz**
egg N. (m) **huevo**
egg-timer N. (m) **reloj de arena**
egocentric N. (m) **egocéntrico**
Egypt Prop. **Egipto**
eight Num. **ocho**
eighteen Num. **dieciocho**
eighty Num. **ochenta**
elbow N. (m) **codo**
elections N. (f) **elecciones**
electric Adj. **eléctrico**
electricity N. (f) **electricidad**
elegant Adj. **elegante**
element N. (m) **elemento**
eleven Num. **once**
email N. (m) **correo electrónico**
emancipate oneself V ref. **emanciparse**
embassy N. (f) **embajada**
ember N. (f) **brasa**
embitter V ref. **avinagrarse**
embrace N. (m) **abrazo**
emigrant N. (m/f) **emigrante**
emigrate V. **emigrar**
emotion N. (f) **emoción**
emperor N. (m) **emperador**
emphatic Adj. **enfático**
emphatically Adv. **enfáticamente**
empire N. (m) **imperio**
empirical Adj. **empírico**
empty Adj. **vacío**
encourage V. **animar**
encouraging Adj. **esperanzado**
end N. (m) **fin**
V phr. **poner fin a**
V. **terminar**
end up V. **concluir**
ending N. (f) **terminación**
engagement N. (m) **noviazgo**
engine driver N. (m/f) **maquinista**
engineer N. (m) **ingeniero**
N. (m/f) **maquinista**
England N. (f) **Inglaterra**
English N. (m) **inglés**
enigma N. (m) **enigma**
enjoy V. **disfrutar**
enjoy your meal Excl. **buen apetito**
Excl. **buen provecho**
Excl. **que aproveche**
enjoyable Adj. **agradable**
Adj. **divertido**
enlighten V. **alumbrar**
enormous Adj. **enorme**
Adj. **inmenso**

enough Excl. **basta**
Adj. **bastante**
Adj. **suficiente**
enrich V. **enriquecer**
enrichment N. (m) **enriquecimiento**
enroll V ref. **matricularse**
enrolment N. (f) **matrícula**
ensure V. **asegurar**
enter V. **entrar**
V. **ingresar**
entertaining Adj. **entretenido**
enthusiasm N. (m) **entusiasmo**
enthusiastic Adj. **entusiasta**
entitled Adj. **titulado**
entrance N. (m) **ingreso**
envelope N. (m) **sobre**
envy V. **envidiar**
epigraph N. (m) **epígrafe**
Episcopal Chapter Prop. **Conferencia Episcopal**
epoch N. (f) **época**
equal Adj. **igual**
equality N. (f) **igualdad**
equipped Adj. **acondicionado**
erase V. **borrar**
eraser N. (m) **borrador**
N. (f) **goma**
erect Adj. **erguido**
erroneous Adj. **erróneo**
error N. (m) **error**
escalope N. (m) **escalope**
escape V. **escapar**
espresso N. (m) **café solo**
essential N. (m) **imperativo**
Adj. **indispensable**
establish V ref. **arraigarse**
V. **establecer**
establish oneself V ref. **afianzarse**
V. **consagrar**
establishment N. (m) **establecimiento**
estate N. (f) **finca**
esteem V. **estimar**
estimate N. (m) **presupuesto**
etc.) V. **bajar**
eternal Adj. **eterno**
Etruscan Adj. **etrusco**
euro N. (m) **euro**
Europe Prop. **Europa**
European Union Prop. **Unión Europea**
euthanasia N. (f) **eutanasia**
evaluate V. **evaluar**
V. **valorar**
evaluation N. (f) **valoración**
even Adv. **incluso**
even (number) Adj. **par**
evening N. (m) **atardecer**
Excl. **buenas tardes**
Adj. **nocturno**
event N. (m) **acontecimiento**
N. (m) **evento**
N. (m) **suceso**
ever Adv. **alguna vez**
every Adj. **cada**
everyday Adj. **cotidiano**
evident Adj. **evidente**
evoke V. **evocar**
ew Excl. **guácala**
Excl. **puaj**
exact Adj. **exacto**
Adj. **preciso**
exactly Adv. **exactamente**

exaggerate V. **exagerar**
exaggerated Adj. **exagerado**
exaggerator N. (m) **cuentista**
exaltation N. (f) **exaltación**
exam N. (m) **certamen**
N. (m) **examen**
examination N. (f) **convocatoria**
example N. (m) **ejemplo**
excellent Adj. **excelente**
except Prp. **excepto**
exceptionally gifted Adj. **superdotado**
excess N. (m) **exceso**
exchange N. (m) **intercambio**
excited Adj. **emocionado**
Adj. **ilusionado**
excitement N. (f) **ilusión**
exciting Adj. **emocionante**
Adj. **excitante**
exclamation N. (f) **exclamación**
exclusively Adv. **exclusivamente**
excursion N. (f) **excursión**
excuse N. (f) **excusa**
excuse me Excl. **permiso**
execution N. (m) **fusilamiento**
executioner N. (m) **verdugo**
executive N. (m) **ejecutivo**
exercise N. (m) **ejercicio**
exhaust pipe N. (m) **tubo de escape**
exhausted Adj. **agotado**
exhibition N. (f) **exposición**
exist V. **existir**
exit N. (f) **salida**
exotic Adj. **exótico**
expensive Adj. **caro**
experience N. (f) **experiencia**
expire V. **fallecer**
explain V. **explicar**
explanation N. (f) **aclaración**
explode blow up V. **estallar**
express V. **expresar**
Expresses anger Excl. **lechuga**
expresses pity Excl. **pucha**
expresses unpleasantness Excl. **buf**
expression N. (f) **locución**
expression of encouragement and approval Excl. **olé**
expression of pain Excl. **huy**
expression used when answering the phone Excl. **bueno**
expressive Adj. **expresivo**
exquisite Adj. **exquisito**
extend V. **prolongar**
V. **renovar**
extended Adj. **extendido**
extension N. (f) **extensión**
extensive Adj. **extenso**
extent N. (f) **amplitud**
extraordinary Adj. **extraordinario**
extra-terrestrial N. (m/f) **extraterrestre**
extrovert Adj. **extrovertido**
eye N. (m) **ojo**

F - f

fabrication N. (f) **elaboración**
fabulous Adj. **fabuloso**
face N. (f) **cara**
fact N. (m) **dato**
N. (m) **hecho**
factory N. (f) **fábrica**
faculty N. (f) **facultad**
fail V. **suspender**
fair N. (f) **feria**
faithful Adj. **fiel**
fall V. **caer**
N. (f) **caída**
N. (m) **otoño**
fall in love V ref. **enamorarse**
fall of the (Berlin) wall N. (f) **caída del muro**
family N. (f) **familia**
family member N. (m) **familiar**
family name N. (m) **apellido**
family reunion N. (f) **fiesta familiar**
family tree N. (m) **árbol genealógico**
famous Adj. **famoso**
fan N. (m) **aficionado**
N. (m) **forofo**
fan club N. (f) **peña**
fantastic Adj. **fantástico**
Adj. **fenomenal**
fantasy N. (f) **fantasía**
far from Adj. **lejos**
far off Adj. **lejano**
fare N. (m) **pasaje**
farewell Excl. **adiós**
farm N. (f) **finca**
farmer N. (m) **campesino**
fashion show N. (m) **desfile**
fast Adv. **deprisa**
Adj. **rápido**
fasting Phr. **en ayunas**
fat Adj. **gordo**
fateful Adj. **aciago**
father N. (m) **padre**
Father Christmas Prop. **Papá Noel**
fauna N. (f) **fauna**
favorite Adj. **favorito**
façade N. (f) **fachada**
FC Abb. **CF**
fear N. (m) **miedo**
N. (m) **temor**
feather N. (f) **pluma**
February N. (m) **febrero**
Federal District (like Washington D.C.) Abb. **DF**
feel V. **sentir**
feel like it V. **apetecer**
feel the effects V ref. **resentirse**
feeling N. (m) **sentimiento**
felt tip pen N. (m) **rotulador**
female) Abb. **S.**
ferocious Adj. **feroz**
fertility N. (f) **fertilidad**
fervor N. (m) **fervor**
festival N. (m) **festival**
feudal lord N. (m) **hidalgo**

fever N. (f) **fiebre**
few Adj. **poco**
fibre N. (f) **fibra**
fidelity N. (f) **fidelidad**
field (of study, etc.) N. (m) **ámbito**
field (sports) N. (m) **campo**
Fiesta in Pamplona Prop. **Sanfermines**
fifteen Num. **quince**
fifth Adj. **quinto**
fifty Num. **cincuenta**
fight N. (m) **combate**
V. **combatir**
N. (f) **lucha**
V. **luchar**
V ref. **pegarse**
V. **pelear**
figure V. **constar**
N. (f) **figura**
file V. **archivar**
N. (m) **archivo**
N. (f) **carpeta**
fill in V. **completar**
V. **rellenar**
filled Adj. **relleno**
film N. (f) **película**
film director N. (m) **director de cine**
final N. (f) **final**
finally Adv. **finalmente**
Adv. **por último**
finances N. (f) **finanzas**
find V. **encontrar**
V. **hallar**
find out V. **averiguar**
V ref. **enterarse**
fine Adj. **fino**
Fine Arts Prop. **Bellas Artes**
finger N. (m) **dedo**
finish V. **finalizar**
finished Adj. **acabado**
Adj. **terminado**
finishing line N. (f) **meta**
fire N. (m) **fuego**
N. (m) **incendio**
fireman N. (m) **bombero**
fireplace N. (f) **chimenea**
firewood N. (f) **leña**
fireworks N. (m) **fuegos artificiales**
firm Adj. **firme**
first Adj. **primero**
first course N. (m) **primer plato**
first-aid kit N. (m) **botiquín**
firstly Adv. **en primer lugar**
fish V. **faenar**
N. (m) **pescado**
V. **pescar**
N. (m) **pez**
fish bowl N. (f) **pecera**
fish mongers N. (f) **pescadería**
fit V. **caber**
fitness studio N. (m) **gimnasio**
five Num. **cinco**
fix V. **fijar**
flabby Adj. **fofo**
flame N. (f) **llama**
flamenco dancer N. (f) **flamenca**
flashlight N. (f) **linterna**
flat Adj. **liso**
N. (m) **piso**
flavour N. (m) **sabor**
flea market N. (m) **rastro**
flex V. **estirar**
flight N. (m) **vuelo**
flight attendant N. (f) **azafata**

fling oneself V ref. **arrojarse**
flirt N. (m) **ligón**
flog V. **azotar**
flooding N. (f) **inundación**
floor N. (m) **suelo**
flora N. (f) **flora**
Florence Prop. **Florencia**
flow N. (m) **flujo**
flower N. (f) **flor**
flu N. (f) **gripe**
fly V. **navegar**
V. **volar**
fog N. (f) **niebla**
fold V. **doblar**
folder N. (f) **carpeta**
folding screen N. (m) **biombo**
follow V. **seguir**
following Adj. **siguiente**
food N. (m) **alimento**
N. (f) **comida**
fool V. **engañar**
foot N. (m) **pie**
football N. (m) **fútbol**
Football Club Abb. **CF**
footballer N. (m/f) **futbolista**
footwear N. (m) **calzado**
for Adv. **durante**
for God's sake Excl. **por Dios**
for the umpteenth time N. (f) **enésima vez**
force V. **forzar**
V. **obligar**
forceps N. (f) **pinza**
foreign language N. (m) **idioma**
N. (f) **lengua extranjera**
foreigner N. (m) **extranjero**
N. (m) **forastero**
forest N. (m) **bosque**
forget V. **olvidar**
forget it Excl. **sácate**
form V. **formar**
formal Adj. **formal**
formal) Abb. **Uds.**
Abb. **Ud.**
Abb. **Vds.**
former Adj. **antiguo**
formula N. (f) **fórmula**
fortune N. (f) **fortuna**
N. (f) **suerte**
forty Num. **cuarenta**
forum N. (m) **foro**
foundation N. (f) **fundación**
fountain N. (f) **fuente**
four Num. **cuatro**
fourteen Num. **catorce**
fourth Adj. **cuarto**
fox N. (m) **zorro**
fracture N. (f) **fractura**
fragment N. (m) **fragmento**
frame N. (m) **marco**
N. (m) **recuadro**
France Prop. **Francia**
free Adj. **gratuito**
free time N. (m) **ocio**
free-living N. (m) **libertinaje**
free-time N. (m) **tiempo libre**
freeze V. **congelar**
French Adj. **francés**
French fries N. (f) **patatas fritas**
frequency N. (f) **frecuencia**
fresh Adj. **fresco**
friar Abb. **fr.**
Friday N. (m) **viernes**
fridge N. (f) **nevera**

friend N. (m) **amigo**
friendly Adj. **amable**
Adj. **simpático**
friendship N. (f) **amistad**
fright Excl. **huy**
frighten V. **asustar**
from Phr. **natural de**
Adj. **procedente**
from Andalusia Adj. **andaluz**
from Asturias Adj. **asturiano**
from Cantabria Adj. **cántabro**
from Castile- La Mancha Adj. **manchego**
from Castile-Leon Adj. **castellano-leonés**
from Chile Adj. **chileno**
from Extremadura Adj. **extremeño**
from far away Phr. **a lo lejos**
from here Phr. **desde aquí**
from La Rioja Adj. **riojano**
from Madrid N. (m) **madrileño**
from Navarre Adj. **navarro**
from the Levante Adj. **levantino**
from the Magreb Adj. **magrebí**
from…to Phr. **desde...hasta**
front N. (m) **anverso**
front desk N. (f) **portería**
fruit N. (f) **fruta**
fruit juice N. (m) **zumo de frutas**
fry V. **freír**
frying pan N. (m) **sartén**
fuel N. (m) **combustible**
fulfil V. **cumplir**
fulfilment N. (m) **desempeño**
full Adj. **entero**
Adj. **lleno**
fun N. (f) **diversión**
function N. (f) **función**
fundamental Adj. **fundamental**
funeral N. (m) **entierro**
funny Adj. **divertido**
Adj. **gracioso**
furniture N. (m) **mobiliario**
N. (m) **mueble**
fuss N. (m/f) **tiquismiquis**
fussy person N. (m/f) **tiquismiquis**
future N. (m) **futuro**

G - g

gal N. (f) **muchacha**
Galicia Prop. **Galicia**
Galician Adj. **gallego**
game N. (f) **partida**
gang N. (f) **pandilla**
gap N. (m) **hueco**
garage N. (m) **garaje**
garbage N. (f) **basura**
garden N. (m) **jardín**
garlic N. (m) **ajo**
gas N. (m) **gas**
gasoline N. (f) **gasolina**
gastronomy N. (f) **gastronomía**
gender N. (m) **género**
general Abb. **Gral.**

generalization N. (f) **generalidad**
generally Adv. **en principio** Phr. **en términos generales** Adv. **generalmente**
generous Adj. **generoso**
genius Adj. **superdotado**
genre N. (m) **género**
gentleman N. (m) **caballero**
gentry N. (m) **hidalgo**
genuine Adj. **genuino**
genus N. (m) **género**
German N. (m) **alemán**
Germany Prop. **Alemania**
gestate V. **gestar**
gesticulating Adj. **gestual**
gestural Adj. **gestual**
gesture N. (m) **gesto**
gesundheit Excl. **Jesús**
get V. **conseguir**
get (something) right V. **acertar**
get a degree in V ref. **licenciarse**
get a suntan V ref. **broncearse**
get angry V ref. **enfadarse**
get attached to V. **apegar**
get better V ref. **componerse**
get blocked V ref. **atascarse**
get burnt V ref. **quemarse**
get caught up V ref. **liarse**
get changed V ref. **cambiarse**
get delayed V ref. **retrasarse**
get de-valued V ref. **desvalorizarse**
get divorced V ref. **divorciarse**
get dressed V ref. **vestirse**
get drunk V ref. **emborracharse**
get ill V phr. **contraer una enfermedad**
get in tune V. **entonar**
get into V. **acceder**
get involved V ref. **meterse**
get married V ref. **casarse** V phr. **contraer matrimonio**
get moving Excl. **arrea**
get off (a bus V. **bajar**
get on with V ref. **llevarse**
get out Excl. **sácate**
get out from V. **sacar**
get out of here Excl. **za**
get over V. **superar**
get rich V ref. **forrarse**
get something dirty V. **ensuciar**
get up Excl. **aúpa** V ref. **levantarse**
get up early V. **madrugar**
get worse V. **empeorar**
get your driving license V phr. **sacar el carné de conducir**
get-together N. (f) **tertulia**
ghost N. (m) **fantasma**
giddy up Excl. **arre**
girl N. (f) **chica** N. (f) **muchacha**
girlfriend N. (f) **novia**
give V. **dar**
give importance to V phr. **dar importancia a**
give instructions V phr. **dar instrucciones**
give it here Excl. **daca**

give oneself a treat V ref. **darse un homenaje**
give up V ref. **rendirse**
V. **renunciar**
glance N. (m) **vistazo**
glass N. (m) **cristal**
N. (m) **vaso**
glasses N. (f) **gafas**
glimpse V. **entrever**
globe N. (m) **globo**
glossy Adj. **terso**
gloves N. (m) **guante**
go V. **ir**
go across V. **atravesar**
go ahead Excl. **adelante**
go bar hopping V phr. **ir de bar en bar**
go down V. **bajar**
go for a swim V ref. **bañarse**
go for a walk V phr. **dar una vuelta**
V. **pasear**
go halves V phr. **pagar a medias**
go inexile V ref. **exiliarse**
go into V. **ingresar**
go into exile V phr. **refugiarse en el extranjero**
go mad V phr. **volverse loco**
go on (or be on) vacation V phr. **hacer turismo**
go out bars (or club) V phr. **irse de marcha**
go out for drinks V phr. **ir de copeo**
go shopping V phr. **ir de compras**
go to V. **acudir**
go to bed V ref. **acostarse**
go/come back V. **volver**
goal (soccer) N. (f) **portería**
goal-getter N. (m) **marcagoles**
god N. (m) **dios**
God willing Excl. **ojalá**
gold N. (m) **oro**
gondola N. (f) **góndola**
good Adv. **bien**
Adj. **bueno**
good afternoon Excl. **buenas tardes**
Excl. **buenas tardes**
good day Excl. **buenos días**
good evening Excl. **buenas noches**
Excl. **buenas tardes**
good grief Excl. **caramba**
good heavens Excl. **caray**
good luck Excl. **ánimo**
Excl. **suerte**
good morning Excl. **buenos días**
Excl. **buenos días**
good night Excl. **buenas noches**
good show Excl. **bravo**
good time N. (f) **juerga**
goodbye Excl. **nos vemos**
good-bye Excl. **adiós**
goodbye Excl. **adiós**
Excl. **chau**
good-looking Adj. **guapo**
gooseneck lamp N. (m) **flexo**
gossip N. (m) **cotilleo**
N. (f) **maruja**
gossip(y) N. (f) **cotilla**
gourd N. (f) **calabaza**
government N. (m) **gobierno**

governmental Adj. **gubernamental**
grab someone's attention V phr. **captar la atención**
grade N. (m) **grado**
grammar N. (f) **gramática**
grammatical Adj. **gramatical**
gramophone N. (m) **gramófono**
grandfather N. (m) **abuelo**
grandmother N. (f) **abuela**
grandparents N. (m) **abuelos**
grandson N. (m) **nieto**
grape N. (f) **uva**
graphic N. (m) **gráfico**
grasp V. **agarrar**
gratifying Adj. **gratificante**
gratitude N. (f) **gratitud**
gratuitous Adj. **gratuito**
gray Adj. **gris**
gray (haired) Adj. **canoso**
grease N. (f) **grasa**
great Excl. **cojonudo**
Adj. **genial**
Adj. **gran**
Adj. **guay**
great! Excl. **de cine**
Excl. **de miedo**
greatest hits N. (m) **grandes éxitos**
great-grandson N. (m) **bisnieto**
great-looking Adj. **hermoso**
Greece Prop. **Grecia**
Greek Adj. **griego**
green Adj. **verde**
greengrocers N. (f) **frutería**
greet V. **saludar**
greeting N. (m) **saludo**
groove N. (f) **ranura**
gross Adj. **asqueroso**
Excl. **guácala**
Excl. **puaj**
ground N. (f) **tierra**
group N. (m) **grupo**
grow V. **crecer**
V. **cultivar**
V. **engrosar**
grow old V. **envejecer**
growing V. **creciente**
grumpy person N. (m/f) **cascarrabias**
Guanajuato Abb. **GT**
guardian N. (m) **guardián**
Guatemalan Adj. **guatemalteco**
Guerrero Abb. **GR**
guess N. (f) **adivinanza**
V. **adivinar**
V. **averiguar**
V. **estimar**
guest N. (m) **invitado**
guidebook N. (f) **guía**
guilty Adj. **culpable**
guitar N. (f) **guitarra**
gullible Adj. **crédulo**
gurney N. (f) **camilla**
gym N. (m) **gimnasio**
gymnasium N. (m) **gimnasio**
gypsy N. (m) **gitano**

H - h

ha Excl. **ja**
habit N. (m) **hábito**
habitual Adj. **habitual**
haha Excl. **jaja**
hair N. (m) **pelo**
hairdresser N. (f) **peluquería**
N. (m) **peluquero**
hair-dryer N. (m) **secador de pelo**
hairy Adj. **peludo**
hake N. (f) **merluza**
half Adj. **media**
N. (f) **mitad**
hallelujah Excl. **aleluya**
hallucinate V. **alucinar**
hallucination N. (f) **alucinación**
hallway N. (m) **pasillo**
ham N. (m) **jamón**
hand N. (f) **mano**
hand in V. **entregar**
hand out V. **repartir**
handbag N. (m) **bolso**
handcuffs N. (f) **esposas**
handicrafts N. (f) **manualidades**
handkerchief N. (m) **pañuelo**
handle N. (f) **palanca**
hang V. **ahorcar**
hang out the washing V phr. **tender la ropa**
hang up V. **colgar**
V. **tender**
happen V. **ocurrir**
V. **pasar**
V. **suceder**
V. **transcurrir**
happiness N. (f) **alegría**
N. (f) **felicidad**
happy Adj. **alegre**
Adj. **contento**
Adj. **feliz**
happy birthday Excl. **feliz cumpleaños**
harbour N. (m) **puerto**
hard Adj. **duro**
harden V. **endurecer**
hardly Adv. **apenas**
harm N. (m) **daño**
harmonious Adj. **armonioso**
harvest N. (f) **cosecha**
hat N. (m) **sombrero**
hate V. **odiar**
Havana Prop. **La Habana**
have V. **tener**
have a change (of scene) V. **cambiar de aires**
have a great time V phr. **pasarlo bomba**
have a nap V phr. **echarse la siesta**
have a nice meal Excl. **buen provecho**
have a shower V ref. **ducharse**
have a snack V. **merendar**
have breakfast V. **desayunar**
have dinner V. **cenar**
have friends in high places Adj. **enchufado**

have fun V ref. **divertirse**
have just + verb V phr. **acabar + de**
have lunch V. **almorzar**
have one's birthday V. **cumplir años**
have tapas V. **tapear**
have to V phr. **tener que**
have to (+ verb) (imperative) V phr. **hay que (+ verbo)**
havoc N. (m) **estrago**
head N. (f) **cabeza**
V. **encabezar**
Head of State Prop. **Jefe del Estado**
headphone N. (m) **auricular**
headquarters N. (f) **sede**
heads (coin) N. (f) **cara (moneda)**
health N. (f) **salud**
healthy Adj. **sano**
hear V. **oír**
hearing N. (m) **oido**
heart N. (m) **corazón**
heat N. (m) **calor**
heating N. (f) **calefacción**
heel N. (m) **tacón**
N. (m) **talón**
height N. (f) **altura**
helicopter N. (m) **helicóptero**
hell N. (m) **infierno**
hellish Adj. **infernal**
hello Excl. **aló**
Excl. **dígame**
Excl. **ese**
Excl. **hola**
Excl. **hola**
helmet N. (m) **casco**
help N. (f) **ayuda**
V. **ayudar**
Excl. **socorro**
hemorrhage N. (m) **derrame**
hen N. (f) **gallina**
here Adv. **aquí**
hero N. (m) **héroe**
hey Excl. **alá**
Excl. **che**
Excl. **eh**
Excl. **epa**
Excl. **hala**
Excl. **hombre**
Excl. **oye**
hi Excl. **hola**
hide V. **esconder**
V. **ocultar**
hideous Adj. **infernal**
hieroglyphics N. (m) **jeroglífico**
high Adj. **alto**
high school N. (m) **bachillerato**
high school diploma N. (m) **bachillerato**
highlight V. **destacar**
V. **resaltar**
highlight (hair) N. (f) **mecha**
highlighted Adj. **resaltado**
hiking N. (m) **senderismo**
hill N. (m) **cerro**
hindrance N. (f) **traba**
hinge N. (f) **bisagra**
hips N. (f) **cadera**
hire V. **contratar**
Hispano-American Adj. **hispanoamericano**
historic Adj. **histórico**
history N. (f) **historia**
hitchhiking Phr. **a dedo**

hitch-hiking N. (m) **autoestop**
hoarse Adj. **ronco**
hobby N. (f) **afición**
holding hands Adj. **cogidos de la mano**
hole N. (m) **agujero**
holidays N. (f) **vacaciones**
Holland Prop. **Holanda**
holy cow Excl. **qué pasada**
holy shit Excl. **qué pasada**
home N. (m) **hogar**
home appliance N. (m) **electrodoméstico**
home run (baseball) N. (m) **cuadrangular**
home-loving Adj. **hogareño**
homework N. (m) **deberes**
homosexual Adj. **homosexual**
honest Adj. **honesto**
honeymoon N. (f) **luna de miel**
honored Adj. **honrado**
honorific title for a man (roughly equivalent to Sir) Abb. **D.**
honors degree (university) N. (f) **licenciatura**
hook up with (a girl/boy) V. **ligar**
hope N. (f) **esperanza**
hopefully Excl. **ojalá**
horoscope N. (m) **horóscopo**
horrendous Adj. **fatal**
horrible Adj. **horrible**
horror N. (m) **horror**
horse N. (m) **caballo**
hospitable Adj. **hospitalario**
hospital N. (m) **hospital**
host N. (f) **anfitrión**
hostel N. (m) **albergue**
hot Adj. **caliente**
Adj. **caluroso**
hot coal N. (f) **brasa**
hotel N. (m) **hotel**
hotel management N. (f) **hostelería**
hour-glass N. (m) **reloj de arena**
house N. (f) **casa**
N. (f) **vivienda**
house-proud N. (f) **maruja**
housewife N. (f) **ama de casa**
how are you Excl. **qué tal está?**
Excl. **qué tal?**
hug V. **abrazar**
N. (m) **abrazo**
V. **apretar**
human being N. (m) **ser humano**
humanity N. (f) **humanidad**
humid Adj. **húmedo**
humility N. (f) **humildad**
humour N. (m) **humor**
hundred V. **centenar**
Hungarian Adj. **húngaro**
hunger N. (m) **hambre**
hungry Adj. **hambriento**
hunter N. (m) **cazador**
hurl oneself V ref. **arrojarse**
hurray Excl. **arriba**
hurry Excl. **órale**
hurt V. **doler**
hurt someone V phr. **hacer daño**
husband N. (m) **marido**
hush Excl. **chito**
hydrogen N. (m) **hidrógeno**
hygiene N. (f) **higiene**
hypocrite N. (m/f) **hipócrita**

hypothesis N. (f) **hipótesis**
hysteria N. (f) **histeria**
hysterical Adj. **histérico**

I - i

I am sorry Excl. **lo siento**
I don't care Excl. **me vale**
I hope so Excl. **ojalá**
Excl. **ojalá**
I love you a lot Abb. **TQM**
ice cream N. (m) **helado**
ID card N. (m) **D.N.I.**
idea N. (f) **idea**
N. (f) **noción**
ideal Adj. **ideal**
identification N. (f) **documentación**
identity N. (f) **identidad**
ideology N. (f) **ideología**
idiot N. (m/f) **idiota**
idle V. **vaguear**
if Conj. **si**
ignorance N. (f) **ignorancia**
ill Adj. **enfermo**
illegal Adj. **ilegal**
illness N. (f) **enfermedad**
illustration N. (f) **ilustración**
illustrious (honorific term of address) Abb. **I**
image N. (f) **imagen**
imaginary Adj. **imaginario**
imagination N. (f) **imaginación**
imaginative Adj. **imaginativo**
imagine V. **imaginar**
immature Adj. **inmaduro**
immediacy N. (f) **inmidiatez**
immediately Adv. **enseguida**
Adv. **inmediatamente**
immigrant N. (m/f) **inmigrante**
immigration N. (f) **inmigración**
impart V. **impartir**
impatient Adj. **impaciente**
impeccable Adj. **impecable**
impel V. **impulsar**
imperative N. (m) **imperativo**
implant N. (m) **implante**
implantation N. (f) **implantación**
important Adj. **importante**
impose V. **imponer**
impossible Adj. **imposible**
impress V. **impresionar**
impression N. (f) **impresión**
impressionist Adj. **impresionista**
improve V. **mejorar**
impunity N. (f) **impunidad**
in advance Phr. **por anticipado**
in bold Phr. **en negrita**
in cash Adj. **al contado**
in common Phr. **en común**
in concert Phr. **en concierto**
in conclusion Phr. **en conclusión**
in detail Adv. **detalladamente**
in front Prp. **enfrente**
in front of Prp. **delante**

in love Adj. **enamorado**
in public Adv. **en público**
in search of Phr. **en busca de**
in Spanish Phr. **en español**
in the beginning Adv. **al principio**
Phr. **a principios**
in the middle Phr. **a mediados**
in the style of Goya Adj. **goyesco**
in total Phr. **en total**
in your shoes Phr. **en tu lugar**
inaugurate V. **inaugurar**
inauguration N. (f) **inauguración**
incident N. (m) **contratiempo**
include V. **incluir**
included Adj. **incluido**
inclusion N. (f) **incorporación**
income N. (m) **ingreso**
incompatible Adj. **incompatible**
incomplete Adj. **incompleto**
Incorporated (Inc.) Abb. **S.A.**
incorporation N. (f) **incorporación**
increase V. **incrementar**
incredible Excl. **barbaridad**
Adj. **increíble**
indecision N. (f) **indecisión**
indefinite article N. (m) **artículo indeterminado**
independency N. (f) **independencia**
independent Adj. **independiente**
indicates disdain or unbelief Excl. **bah**
indication N. (f) **señal**
indicative N. (m) **indicativo**
indifferent Adj. **indiferente**
indirect object N. (m) **objeto indirecto**
indirect speech N. (m) **estilo indirecto**
indiscreet Adj. **indiscreto**
indisposition N. (f) **indisposición**
individual Adj. **individual**
N. (m/f) **individuo**
industrialize V. **industrializar**
inequality N. (f) **desigualdad**
inexcusable Adj. **inexcusable**
inexperienced Adj. **inexperto**
infancy N. (f) **infancia**
infantile Adj. **infantil**
inferiority N. (f) **inferioridad**
infernal Adj. **infernal**
infested Adj. **infestado**
infinite Adj. **infinito**
infinitive N. (m) **infinitivo**
influence N. (f) **influencia**
V. **influir**
inform V. **avisar**
V. **informar**
informal Adj. **informal**
information N. (f) **información**
infrastructure N. (f) **infraestructura**
ingenious Adj. **ingenioso**
ingredient N. (m) **ingrediente**
inhabit V. **habitar**
inhabitant N. (m) **habitante**
inherent Adj. **inherente**
inheritance N. (f) **herencia**
initial Adj. **inicial**
initials N. (m) **iniciales**
injection N. (f) **inyección**
ink N. (f) **tinta**
N. (m) **tinte**

inkwell N. (m) **tintero**
inland N. (m) **interior**
inn N. (m) **mesón**
N. (f) **taberna**
innocence N. (f) **inocencia**
inquisitive Adj. **curioso**
Adj. **preguntón**
insecure Adj. **inseguro**
inside Prp. **dentro**
insomnia N. (m) **insomnio**
inspection N. (f) **inspección**
N. (f) **revisión**
inspire V. **inspirar**
instability N. (f) **inestabilidad**
installation N. (f) **instalación**
instant N. (m) **instante**
instinct N. (m) **instinto**
instruction N. (f) **instrucción**
insure V. **asegurar**
integration N. (f) **integración**
intelligent Adj. **inteligente**
intend V. **pretender**
intense Adj. **intenso**
intensely Adv. **intensamente**
intensity N. (f) **intensidad**
intention N. (f) **intención**
interaction N. (f) **interacción**
Inter-American Development Bank Abb. **BID**
interest N. (m) **interés**
interesting Adj. **interesante**
international Adj. **internacional**
internet N. (m) **internet**
internet café N. (m) **cibercafé**
interrogation N. (f) **interrogación**
interrogative N. (m) **interrogativo**
interview N. (f) **entrevista**
interviewer N. (f) **entrevistadora**
intonation N. (f) **entonación**
intrigue N. (f) **intriga**
introduce V. **presentar**
introduce oneself V ref. **identificarse**
V ref. **presentarse**
introduction N. (f) **introducción**
introverted Adj. **introvertido**
intruder N. (m) **intruso**
invade V. **invadir**
invariable Adj. **invariable**
invent V. **inventar**
invention N. (m) **invento**
inventor N. (m) **inventor**
inverted commas N. (f) **comillas**
investigation N. (f) **investigación**
investiture N. (f) **investidura**
invitation N. (f) **invitación**
invite V. **invitar**
Iranian Adj. **iraní**
Ireland Prop. **Irlanda**
iron N. (m) **hierro**
N. (f) **plancha**
ironic Adj. **irónico**
irregular Adj. **irregular**
irregularity N. (f) **irregularidad**
island N. (f) **isla**
isthmus N. (m) **istmo**
IT (information technology) N. (f) **informática**
IT consultant/computer expert N. (m) **informático**
it is ... degrees V phr. **estar a ... grados**
it is cold V phr. **hace frío**

it is hot V phr. **hace calor**
it is my life Excl. **yo sabré**
it is very windy V phr. **hace mucho viento**
it is your turn Phr. **es su turno**
it seems like Phr. **parece que**
Italian Adj. **italiano**
Italy Prop. **Italia**
item of clothing N. (f) **prenda de vestir**
itinerary N. (m) **itinerario**

J - j

jack (in cards N. (f) **sota**
jacket N. (f) **chaqueta**
jacuzzi N. (m) **jacuzzi**
jam N. (m) **tapón**
January N. (m) **enero**
Japan Prop. **Japón**
Japanese Adj. **japonés**
jealousy N. (m) **celo**
jeans N. (m) **pantalones vaqueros**
jeez Excl. **hostia**
job N. (m) **cargo**
N. (m) **empleo**
N. (f) **labor**
N. (m) **puesto de trabajo**
job interview N. (f) **entrevista de trabajo**
join someone V. **acompañar**
join (workplace) V ref. **incorporarse**
joke N. (f) **broma**
journalism N. (m) **periodismo**
journalist N. (m/f) **periodista**
joy N. (m) **gozo**
juggle (jobs, lifestyles, etc.) V. **compaginar**
July N. (m) **julio**
jump V. **saltar**
N. (m) **salto**
jumper N. (m) **jersey**
June N. (m) **junio**
jungle N. (f) **selva**
junk N. (m) **cacharros**
N. (m) **junco**
junk room N. (m) **trastero**
just + have + past participle V phr. **acabar de + inf.**
justify V. **justificar**
juvenile Adj. **juvenil**

K - k

kangaroo N. (m/f) **canguro**
keep V. **guardar**
V. **mantener**
keep on/continue + ...ing V phr. **seguir + gerundio**
keep your head up Excl. **ánimo**

keeper N. (m) **cuidador**
key N. (f) **llave**
key (concept) N. (f) **clave**
keyboard N. (m) **teclado**
kidnap V. **raptar**
V. **secuestrar**
kidney N. (m) **riñon**
kidney bean N. (f) **alubia**
N. (m) **frijol**
kill V. **matar**
killer N. (m) **asesino**
killer whale N. (f) **orca**
kilo N. (m) **kilo**
kilometre N. (m) **kilómetro**
kind N. (m) **género**
N. (m) **tipo**
kindness N. (f) **amabilidad**
king N. (m) **rey**
kiosk N. (m) **quiosco**
kiss V. **besar**
N. (m) **beso**
kitchen N. (f) **cocina**
kitchen sink N. (f) **pila**
knave N. (f) **sota**
knee N. (f) **rodilla**
knife N. (m) **cuchillo**
know V. **conocer**
V. **saber**
knowledge N. (m) **conocimiento**

L - l

label N. (f) **etiqueta**
laberinth N. (m) **laberinto**
labor V. **faenar**
N. (f) **labor**
laboratory N. (m) **laboratorio**
lack of interest N. (m) **desinterés**
lad N. (m) **muchacho**
lady N. (f) **dama**
lag behind V phr. **quedarse a la zaga**
lamb N. (m) **cordero**
lame Adj. **cojo**
lament V ref. **lamentarse**
lamentable Adj. **lamentable**
lamp N. (f) **lámpara**
N. (f) **linterna**
land V. **aterrizar**
landlady N. (f) **ama**
lane N. (m) **carril**
language N. (m) **idioma**
N. (f) **lengua**
N. (m) **lenguaje**
lantern N. (f) **linterna**
laptop N. (m) **ordenador portátil**
N. (m) **portátil**
large Adj. **gran**
largely Adv. **en gran medida**
lasso N. (m) **lazo**
last V. **durar**
Adj. **último**
last name N. (m) **apellido**
last night Adv. **anoche**
lastly Adv. **por último**
late Adj. **tarde**

later Adv. **después**
Adv. **luego**
Adv. **posteriormente**
latest (breaking) news N. (f) **noticia de actualidad**
lather (soap) V. **enjabonar**
laugh V ref. **reirse**
launch N. (m) **lanzamiento**
laundry basket N. (m) **cesto de ropa sucia**
law N. (m) **derecho**
N. (f) **ley**
lawful Adj. **lícito**
lawyer N. (m) **abogado**
layer N. (f) **capa**
lazy Adj. **perezoso**
Adj. **vago**
lead V. **encabezar**
leader N. (m) **caudillo**
N. (m/f) **dirigente**
N. (m) **líder**
league N. (f) **liga**
learn V. **aprender**
learning N. (m) **aprendizaje**
leather N. (m) **cuero**
leather goods N. (f) **marroquinería**
leather industry N. (f) **marroquinería**
leave V. **dejar**
V. **salir**
leave alone V. **dejar en paz**
left Adj. **izquierda**
left-handed Adj. **zurdo**
leg N. (f) **pata**
N. (f) **pierna**
legal Adj. **legal**
legally Adv. **legalmente**
leisure N. (m) **ocio**
lend V. **prestar**
lengthy Adj. **prolongado**
lentil N. (f) **lenteja**
less Adj. **menos**
less than Phr. **menos que**
lesson N. (f) **lección**
let down N. (f) **desilusión**
let me see Excl. **a ver**
let someone by V. **dejar paso**
let's go Excl. **alá**
Excl. **a ver**
Excl. **órale**
let's see Excl. **a ver**
letter N. (f) **carta**
N. (f) **letra**
lettuce N. (f) **lechuga**
let’s go Excl. **hala**
let’s hope so Excl. **ojalá**
let’s see Excl. **a ver**
level N. (m) **grado**
N. (m) **nivel**
lever N. (f) **palanca**
levy N. (m) **impuesto**
lexicon N. (m) **léxico**
liberty N. (f) **libertad**
library N. (f) **biblioteca**
license plate N. (f) **matrícula**
licit Adj. **lícito**
lie V. **mentir**
N. (f) **mentira**
lie down V ref. **tumbarse**
lie in V. **estribar**
lieutenant N. (m) **teniente**
life N. (f) **vida**
lifejacket N. (m) **chaleco salvavidas**

lifestyle N. (m) **ritmo de vida**
lift N. (m) **ascensor**
V. **levantar**
light V. **encender**
Adj. **ligero**
Adj. **luminoso**
N. (f) **luz**
lighter N. (m) **mechero**
lightning N. (m) **rayo**
like Adv. **como**
like this Adv. **así**
likewise Excl. **igualmente**
Adv. **igualmente**
limited Adj. **limitado**
LLC Abb. **S.A.**
line N. (f) **cola**
N. (f) **fila**
N. (f) **línea**
lip N. (m) **labio**
liposuction N. (f) **liposucción**
lipstick N. (m) **pintalabios**
liqueur N. (m) **licor**
liquid Adj. **líquido**
liquid soap N. (m) **gel**
liquidizer N. (f) **batidora**
list N. (f) **lista**
listen V. **escuchar**
listener N. (m/f) **oyente**
listening comprehension N. (f) **audición**
literary Adj. **literario**
literature N. (f) **literatura**
lithography N. (f) **litografía**
litter N. (f) **litera**
little by little Phr. **poco a poco**
Little Red Riding Hood Prop. **Caperucita Roja**
live V. **habitar**
V. **residir**
V. **vivir**
live together V. **convivir**
living room N. (m) **cuarto de estar**
loaf around V. **vaguear**
local network train N. (m) **tren de cercanías**
locate V. **situar**
location N. (m) **paradero**
lodging N. (m) **alojamiento**
logic N. (f) **lógica**
long Adj. **largo**
long drink N. (f) **cubata**
long living Adj. **longevo**
long weekend N. (m) **puente**
longing N. (m) **anhelo**
loo N. (m) **inodoro**
loofah N. (f) **lufa**
look after V. **atender**
V. **cuidar**
look after oneself V ref. **cuidarse**
look as if V phr. **tener pinta**
look out Excl. **ojo**
looking for Phr. **en busca de**
lorry N. (m) **camión**
lose V. **perder**
loser N. (m) **perdedor**
loss N. (f) **pérdida**
lotion N. (f) **loción**
lottery N. (f) **lotería**
loud Adj. **bullicioso**
louder Phr. **más alto**
love V. **amar**
N. (m) **amor**
V. **encantar**

love challenge N. (f) **prueba de amor**
lovely Adj. **lindo**
Adj. **precioso**
lover N. (m/f) **amante**
loving Adj. **amoroso**
luck N. (f) **fortuna**
N. (f) **suerte**
luggage N. (m) **equipaje**
lukewarm Adj. **templado**
luminous Adj. **luminoso**
lump N. (m) **bulto**
lunch N. (m) **almuerzo**
luxury N. (m) **lujo**
lyrics N. (f) **letras**

M - m

made (sewn) Adj. **confeccionado**
magazine N. (f) **revista**
magic N. (f) **magia**
magic powers N. (m) **poderes mágicos**
magnolia N. (m) **magnolio**
mailbox N. (m) **buzón**
mailman N. (m) **cartero**
main Adj. **principal**
maize N. (m) **maíz**
majority N. (f) **mayoría**
make V. **elaborar**
V. **hacer**
make (sewing) V. **confeccionar**
make a living V phr. **ganarse la vida**
make impossible V. **imposibilitar**
make lunch/dinner V phr. **preparar la comida**
make signs V phr. **hacer señas**
make stand out V. **resaltar**
make sure V ref. **asegurarse**
make-up N. (m) **maquillaje**
making N. (f) **elaboración**
making (of) N. (f) **realización**
making of N. (f) **fabricación**
male) Abb. **S.**
malice N. (f) **malícia**
mammary Adj. **mamario**
man N. (m) **hombre**
Excl. **hombre**
manage V ref. **desenvolverse**
management N. (f) **gerencia**
manager N. (m/f) **dirigente**
N. (m) **encargado**
mania N. (f) **manía**
mankind N. (f) **humanidad**
manly Adj. **varonil**
manual N. (m) **manual**
map N. (m) **mapa**
N. (m) **plano**
March N. (m) **marzo**
marital status N. (m) **estado civil**
mark V. **marcar**
N. (f) **nota**
V. **puntuar**
market N. (f) **feria**
N. (m) **mercado**
marketing N. (m) **marketing**

marquee N. (f) **carpa**
marriage N. (m) **casamiento**
marriage counselor N. (m) **consejero matrimonial**
married Adj. **casado**
married couple N. (m) **matrimonio**
marvellous Adj. **estupendo**
marvellous(ly) Adv. **de maravilla**
María Abb. **Mª**
mascot N. (f) **mascota**
mass N. (f) **misa**
massage N. (m) **masaje**
master N. (m) **maestro**
masterpiece N. (f) **obra cumbre**
N. (f) **obra maestra**
match N. (m) **partido**
matchmaker N. (m) **casamentero**
material N. (f) **materia**
N. (m) **material**
N. (m) **tejido**
N. (f) **tela**
maternal Adj. **materno**
Mathematics Prop. **Matemáticas**
matriculate V. **ingresar**
May N. (m) **mayo**
Maya Adj. **maya**
maybe Adv. **quizás**
Phr. **tal vez**
mayor N. (m) **alcalde**
maze N. (m) **laberinto**
mean Adj. **avaro**
Adj. **tacaño**
meaning N. (f) **acepción**
N. (m) **sentido**
N. (m) **significado**
means N. (m) **medios**
means of transport N. (m) **medio de transporte**
meanwhile Adv. **entretanto**
Adv. **mientras**
measure V. **medir**
meat N. (f) **carne**
mechanic N. (m) **mecánico**
media N. (m) **medios de comunicación**
medicine N. (f) **medicina**
Mediterranean Prop. **Mediterráneo**
medium N. (m) **médium**
meeting N. (m) **encuentro**
N. (f) **reunión**
melon N. (m) **melón**
member N. (m) **abonado**
N. (m) **afiliado**
N. (m) **miembro**
member of parliament N. (m) **diputado**
memory N. (m) **recuerdo**
mentally Adv. **mentalmente**
mention V. **mencionar**
menu N. (m) **menú**
meow Excl. **miau**
Excl. **ñau**
Excl. **ñew**
mess N. (m) **lío**
mess up V. **fastidiar**
message N. (m) **mensaje**
Messrs. Abb. **Sres**
method N. (m) **método**
method of payment N. (f) **forma de pago**
Methuselah Prop. **Matusalén**
metro N. (m) **metro**

metro entrance N. (f) **boca del metro**
mew Excl. **ñew**
Mexican Adj. **mexicano**
Mexico Prop. **México**
miaow Excl. **ñau**
Excl. **ñew**
Michoacán Abb. **MC**
microwave N. (m) **microondas**
midnight N. (f) **medianoche**
militancy N. (f) **militancia**
military junta N. (f) **junta militar**
military service N. (m) **servicio militar**
milk N. (f) **leche**
million N. (m) **millón**
mimic N. (f) **mímica**
mind V. **importar**
mingle with V ref. **entremezclarse**
minister N. (m) **ministro**
minstrel N. (m) **trovador**
mint N. (f) **menta**
minus Adj. **menos**
minute N. (m) **minuto**
mirror N. (m) **espejo**
misdemeanour N. (m) **delito**
miserly Adj. **avaro**
misfortune N. (f) **desgracia**
N. (f) **desventura**
mislead V. **engañar**
misogynist N. (m) **misógino**
Miss Abb. **Srta**
miss V phr. **hacer falta**
N. (f) **señorita**
missing Adj. **desaparecido**
mister N. (m) **señor**
mistreat V. **maltratar**
misunderstanding N. (m) **malentendido**
mix V. **agitar**
V. **mezclar**
mix up V ref. **entremezclarse**
mixed Adj. **mixto**
mixer N. (f) **batidora**
mobile N. (m) **móvil**
mobile pone N. (m) **teléfono móvil**
mobility N. (f) **movilidad**
model N. (m) **modelo**
moderate Adj. **moderado**
modern Adj. **moderno**
modernist Adj. **modernista**
modest Adj. **modesto**
modesty N. (f) **humildad**
N. (m) **pudor**
module N. (m) **módulo**
moisturizer Adj. **hidratante**
molar (tooth) N. (f) **muela**
moment N. (m) **momento**
N. (m) **rato**
monarch N. (m) **monarca**
monarchy N. (f) **monarquía**
monastery N. (m) **convento**
Monday N. (m) **lunes**
money N. (m) **dinero**
monitor N. (f) **celador**
monk N. (m) **monje**
monkey N. (m) **mono**
monolingual Adj. **monolingüe**
month N. (m) **mes**
monthly Adj. **mensual**
monthly payment N. (f) **mensualidad**

monument N. (m) **monumento**
moon N. (f) **luna**
mop N. (f) **fregona**
moral N. (f) **moraleja**
more than Phr. **más que**
Morelos Abb. **ML**
morning N. (f) **mañana**
Adj. **matinal**
morphology N. (f) **morfología**
mosque N. (f) **mezquita**
mother N. (f) **madre**
mother land N. (f) **patria**
mother-in-law N. (f) **suegra**
motorcycle N. (f) **moto**
mountain N. (f) **montaña**
mountain pass N. (m) **puerto**
mountains N. (f) **sierra**
mourn someone V. **velar**
mouse N. (m) **ratón**
moustache N. (m) **bigote**
mouth N. (f) **boca**
move V. **mover**
V. **trasladar**
move (residence) V ref. **trasladarse**
move away V ref. **alejarse**
movement N. (m) **movimiento**
movie N. (f) **película**
movie theater N. (m) **cine**
Mr Abb. **Sr**
Mrs Abb. **Sra**
much Adj. **mucho**
multiplied by Prp. **por**
multiply V. **multiplicar**
multipurpose Adj. **polivalente**
mumps N. (f) **paperas**
municipality N. (m) **municipio**
murder V. **asesinar**
murderer N. (m) **asesino**
muscled Adj. **cachas**
muscular Adj. **musculoso**
museum N. (m) **museo**
music N. (f) **música**
music videos N. (m) **video musical**
musician N. (m) **músico**
Muslim N. (m) **musulmán**
mussel N. (m) **mejillón**
must V phr. **tener que**
mutual Adj. **mutuo**
mysterious Adj. **misterioso**
mystery N. (m) **enigma**
N. (m) **misterio**
México Abb. **MX**

N - n

nail N. (m) **clavo**
naive Adj. **ingenuo**
name V. **nombrar**
N. (m) **nombre**
name and origin N. (m) **sobrenombre**
name unknown Abb. **s/n**
nap N. (f) **siesta**
Naples Prop. **Nápoles**
narcotic N. (m) **estupefaciente**
narrate V. **narrar**

narration N. (f) **narración**
narrow Adj. **estrecho**
nation N. (f) **nación**
national holiday N. (m) **festivo**
nationality N. (f) **nacionalidad**
native Adj. **nativo**
nature N. (f) **naturaleza**
naughtiness N. (f) **picardía**
nautical Adj. **náutico**
Nayarit Abb. **NA**
naïve Adj. **bobo**
nearby Adj. **cercano**
nearly Adv. **casi**
necessary Adj. **necesario**
neck N. (m) **cuello**
N. (f) **nuca**
need V phr. **hacer falta**
N. (f) **necesidad**
V. **necesitar**
V. **precisar**
negation N. (f) **negación**
negative Adj. **despectivo**
Adj. **negativo**
negative (photography) N. (f) **negativa**
negotiate V. **negociar**
neighborhood N. (m) **barrio**
neighbour N. (m) **vecino**
neither Adv. **tampoco**
nephew N. (m) **sobrino**
nerves N. (m) **nervios**
nervous Adj. **nervioso**
net N. (f) **red**
neutral Adj. **neutro**
never Adv. **jamás**
Adv. **ninguna vez**
Adv. **nunca**
never in (my) whole life Adv. **en la vida**
nevertheless Phr. **sin embargo**
new Adj. **nuevo**
new technologies N. (f) **nuevas tecnologías**
New Year Prop. **Año Nuevo**
New Years Eve Prop. **Nochevieja**
news N. (m) **informativo**
N. (f) **noticias**
news bulletin N. (m) **informativo**
newscast N. (m) **informativo**
newspaper N. (m) **periódico**
newsreader N. (m) **locutor**
next Phr. **a continuación**
Adj. **próximo**
nexus N. (m) **nexo**
nice Adj. **bonito**
Adj. **majo**
Adj. **simpático**
nice to meet you Excl. **mucho gusto**
nickel N. (m) **níquel**
nickname N. (m) **mote**
niece N. (f) **sobrina**
night N. (f) **noche**
night and day Phr. **día y noche**
nightdress N. (m) **camisón**
nightlife N. (f) **vida nocturna**
nightmare N. (f) **pesadilla**
night-shirt N. (m) **camisón**
nighttime Adj. **nocturno**
nine Num. **nueve**
nineteen Num. **diecinueve**
ninety Num. **noventa**
no one Pro. **nadie**

no problem Excl. **no hay problema**
no way Excl. **ni hablar!** Excl. **qué va** Excl. **y un huevo**
no way José Excl. **y un huevo**
No. Abb. **núm.** Abb. **nº**
Nobel Prize Prop. **Premio Nobel**
nocturnal Adj. **nocturno**
noise N. (m) **ruido**
noisy Adj. **ruidoso**
nom nom nom Excl. **ñam ñam ñam**
non smoker N. (m) **no fumador**
non-gypsy N. (m) **payo**
non-transferable Adj. **intransferible**
noon N. (m) **mediodía** Abb. **m.**
normally Adv. **normalmente**
North N. (m) **norte**
North Pole Prop. **Polo Norte**
north wind N. (m) **cierzo**
nose N. (f) **nariz**
nose job N. (f) **rinoplastia**
nostalgia N. (f) **nostalgia**
nosy Adj. **preguntón**
not know V. **desconocer**
not look well V phr. **tener mala cara**
not many Adj. **poco**
not stop + verb V phr. **no parar de ...**
not to be approved of V phr. **estar mal visto**
not yet Adv. **aún no** Phr. **todavía no**
notable Adj. **notable**
note N. (f) **nota**
notebook N. (m) **cuaderno**
notes N. (m) **apuntes** N. (f) **notas**
nothing Pro. **nada**
notice V ref. **darse cuenta** N. (m) **letrero**
notion N. (f) **noción**
noun N. (m) **sustantivo**
novel N. (f) **novela**
November N. (m) **noviembre**
novice Adj. **inexperto**
now Adv. **ahora** Excl. **ea**
nuclear physics N. (f) **física nuclear**
Nuevo León Abb. **NL**
nuisance N. (m) **rollo**
number N. (m) **número** Abb. **núm.** Abb. **nº**
number unknown Abb. **s/n**
numbered Adj. **numerado**
numbering N. (f) **enumeración**
nunnery N. (m) **convento**
nut (like with screws) N. (f) **tuerca**

O - o

Oaxaca Abb. **OA**
obese Adj. **obeso**
object N. (m) **objeto**
objective N. (m) **objetivo**
obligation N. (f) **obligación**
obligatory Adj. **obligatorio**
oblige V. **obligar**
observe V. **observar**
obstacle N. (f) **obstrucción**
obtain V. **conseguir**
V. **obtener**
obverse N. (m) **anverso**
occupy V. **ocupar**
occurrence N. (m) **suceso**
Oceania Prop. **Oceanía**
October N. (m) **octubre**
odd Adj. **curioso**
odd (number) Adj. **impar**
of course Phr. **desde luego**
of course not Excl. **qué va**
of Franco Adj. **franquista**
offence N. (m) **delito**
offer N. (f) **oferta**
V. **ofrecer**
office N. (m) **despacho**
N. (f) **oficina**
official Adj. **oficial**
often Adv. **a menudo**
Adj. **frecuente**
Adv. **muchas veces**
oh Excl. **oh**
Excl. **sí hombre**
oh my god Excl. **dios mío**
Excl. **órale**
oh my god! Excl. **vaya por Dios!**
oh my gosh Excl. **ay, caramba**
oh no Excl. **ca**
oil N. (m) **aceite**
ok Excl. **órale**
Excl. **sale**
okay Excl. **vale**
old Adj. **antiguo**
Adj. **viejo**
old age N. (f) **tercera edad**
old man N. (m) **anciano**
older people N. (m) **mayores**
olive N. (f) **aceituna**
N. (f) **oliva**
omen N. (m) **augurio**
N. (m) **presagio**
on an empty stomach Phr. **en ayunas**
on foot Adj. **andando**
on my own Phr. **por mi cuenta**
on one hand Phr. **por un lado**
on the contrary Adv. **al revés**
on the dot Adv. **en punto**
once upon a time Phr. **érase una vez**
one way N. (f) **ida**
one-armed Adj. **manco**
one-eyed Adj. **tuerto**
oneiric Adj. **onírica**
one-of-a-kind Adj. **insólito**
onion N. (f) **cebolla**

onlooker N. (m) **mirón**
only Adv. **sólo**
Adv. **unicamente**
oops Excl. **ups**
open Adj. **abierto**
V. **abrir**
open air Adj. **al aire libre**
open air party with a band N. (f) **verbena**
open wide V phr. **abrir de par en par**
opening N. (f) **apertura**
opera N. (f) **ópera**
operate V. **operar**
operated by remote control Adj. **teledirigido**
operation N. (m) **funcionamiento**
N. (f) **intervención**
N. (f) **operación**
opinion N. (f) **opinión**
opponent N. (m) **contrario**
opportunity N. (f) **ocasión**
N. (f) **oportunidad**
opposite Prp. **enfrente**
Adj. **opuesto**
opposition N. (f) **oposición**
optimist N. (m/f) **optimista**
option N. (f) **opción**
or annoyance. Euphemism for leche Excl. **lechuga**
orange N. (f) **naranja**
order N. (m) **orden**
organize V. **ordenar**
V. **organizar**
orientation N. (f) **orientación**
origin N. (m) **origen**
original Adj. **original**
outbreak N. (m) **brote**
outlet N. (m) **punto de venta**
outline N. (m) **contorno**
outside Adj. **al aire libre**
Prp. **fuera de**
outsider N. (m) **forastero**
oven N. (m) **horno**
over Prp. **encima**
V. **entregar**
overcrowded Adj. **masificado**
oversubscribed Adj. **masificado**
overwhelm V. **deslumbrar**
own Adj. **propio**
owner N. (m) **dueño**
N. (m) **poseedor**

P - p

p. Abb. **p.**
p.m. Abb. **p. m.**
pack of cards N. (m) **naipes**
package N. (m) **bulto**
packaging N. (m) **envase**
packet N. (m) **paquete**
page N. (m) **paje**
pain N. (m) **dolor**
N. (m) **fastidio**
N. (m) **rollo**
painkiller N. (m) **calmante**
paint V. **dibujar**
V. **pintar**
painter N. (m) **pintor**
painting N. (f) **pintura**

pajamas N. (m) **pijama**
palace N. (m) **palacio**
palate N. (m) **paladar**
pale Adj. **pálido**
panel N. (m) **tablero**
panoramic view N. (f) **vista panorámica**
paper N. (m) **papel**
paprika sausage N. (m) **chorizo**
parade N. (m) **desfile**
paradigm N. (m) **paradigma**
paradise N. (m) **paraiso**
paradisiacal Adj. **paradisíaco**
paragliding N. (m) **parapente**
paraphrase N. (f) **perífrasis**
pardon me Excl. **perdón**
Excl. **permiso**
parents-in-law N. (m) **suegros**
parish N. (m) **párroco**
park V. **aparcar**
N. (m) **parque**
parking lot N. (m) **aparcamiento**
parliament N. (m) **parlamento**
part N. (f) **parte**
participant N. (m) **participio**
participate in V. **participar**
partly Adv. **parcialmente**
partridge N. (f) **perdiz**
party N. (f) **fiesta**
N. (f) **fiesta familiar**
party-pooper N. (m) **aguafiestas**
pass V. **transcurrir**
passage N. (m) **pasaje**
passenger N. (m) **pasajero**
passion N. (f) **pasión**
passionate Adj. **apasionado**
passport N. (m) **pasaporte**
password N. (f) **clave**
past N. (m) **pasado**
pastry N. (m) **pastel**
path N. (m) **camino**
patience N. (f) **paciencia**
patient N. (m/f) **paciente**
patio N. (m) **patio**
patisserie N. (f) **pastelería**
pattern N. (f) **maqueta**
pavement N. (f) **acera**
pay V. **pagar**
pay attention Excl. **aguas**
V ref. **fijarse**
pay in stages V phr. **pagar a plazos**
payment N. (m) **pago**
pea N. (m) **guisante**
peace N. (f) **paz**
pear N. (f) **pera**
peasant N. (m) **campesino**
pectoral muscles (pecs) N. (m) **pectorales**
pedestrian N. (m) **peatón**
pedestrian zone N. (f) **zona peatonal**
peel V. **pelar**
pen N. (m) **bolígrafo**
pencil N. (m) **lápiz**
pendant N. (m) **colgante**
Peninsula Prop. **Península**
penniless Phr. **sin blanca**
pension N. (f) **pensión**
pensive Adj. **pensativo**
people N. (f) **gente**
pepper N. (m) **pimiento**
perception N. (f) **percepción**
perfect Adj. **perfecto**

perfectionist Adj. **puntilloso**
perfectly Adv. **perfectamente**
performance N. (m) **rendimiento**
perfume N. (f) **colonia**
N. (m) **perfume**
perhaps Adv. **a lo mejor**
period N. (f) **etapa**
periphery N. (f) **periferia**
permit N. (m) **permiso**
V. **permitir**
perplexity N. (f) **perplejidad**
persecution N. (f) **persecución**
person N. (f) **persona**
personal Adj. **personal**
persuade V. **persuadir**
Peru Prop. **Perú**
pet N. (f) **mascota**
petrol N. (f) **gasolina**
petrol station N. (f) **gasolinera**
phallic Adj. **fálico**
pharaoh N. (m) **faraón**
pharmacist N. (m) **farmacéutico**
pharmacy N. (f) **farmacia**
PHD (in) N. (m) **doctorado (en)**
phenomenon N. (m) **fenómeno**
phew Excl. **menos mal**
philosopher N. (m) **filósofo**
phone call N. (f) **llamada**
phonebooth N. (f) **cabina**
photo N. (f) **foto**
photocopier N. (f) **fotocopiadora**
photograph N. (f) **fotografía**
phrase N. (f) **oración**
physical Adj. **físico**
physical trait N. (m) **aspecto físico**
physically Adv. **físicamente**
piano N. (m) **piano**
pick up V. **levantar**
V. **recoger**
picturesque Adj. **pintoresco**
piece N. (f) **ficha**
N. (m) **pedazo**
N. (m) **trozo**
piece of junk N. (m) **trasto**
pig N. (m) **cerdo**
pill N. (f) **pastilla**
pillager N. (m) **saqueador**
pillow N. (f) **almohada**
pilot N. (m) **piloto**
pimple N. (m) **grano**
pirate N. (m) **pirata**
pistol N. (f) **pistola**
pitch (baseball) N. (m) **lanzamiento**
pity N. (f) **pena**
pizza N. (f) **pizza**
place V. **colocar**
N. (m) **lugar**
N. (m) **sitio**
V. **situar**
V. **ubicar**
plaintain N. (m) **plátano**
plan N. (m) **plan**
planned Adj. **provisto**
plant N. (f) **planta**
plaster N. (f) **tirita**
plastic N. (m) **plástico**
plate N. (m) **plato**
platform N. (m) **andén**
N. (f) **tarima**
play V. **jugar**
V. **juguetear**
N. (f) **obra de teatro**
play (a character) V. **interpretar**

play (a role) V. **desempeñar**
please V. **complacer**
V. **gustar**
Excl. **por favor**
pleasure N. (m) **gozo**
N. (m) **gusto**
N. (m) **placer**
Pleistocene era (Pre-Historic) N. (m) **pleistoceno**
plug N. (m) **enchufe**
N. (m) **tapón**
plumbing N. (f) **fontanería**
plural N. (m) **plural**
plus Prp. **más**
pocket N. (m) **bolsillo**
poet N. (m) **poeta**
poetry N. (f) **poesía**
point out V. **señalar**
poison N. (m) **veneno**
polemic N. (f) **polémica**
police N. (f) **policía**
police record N. (m) **antecedente**
police report N. (f) **denuncia**
police station N. (f) **comisaría**
polite Adj. **atento**
politician N. (m) **político**
Politics Prop. **Ciencias Políticas**
pollster/interviewer N. (m) **encuestador**
polluting Adj. **contaminante**
pond N. (m) **estanque**
ponytail N. (f) **coleta**
poodle N. (m) **caniche**
pool N. (m) **billar**
N. (m) **pozo**
poor Adj. **pobre**
pop Excl. **pum**
pop-music N. (f) **música pop**
popular Adj. **popular**
popular government N. (m) **gobierno popular**
popularity N. (f) **popularidad**
population N. (f) **población**
pork N. (m) **cerdo**
portable N. (m) **portátil**
portal N. (m) **portal**
portfolio N. (f) **carpeta**
portion N. (f) **ración**
portrait N. (m) **retrato**
Portugal Prop. **Portugal**
Portuguese Adj. **portugúes**
position N. (m) **cargo**
positive Adj. **positivo**
possessed Adj. **endemoniado**
possession N. (f) **posesión**
possessive (quality) Adj. **posesivo**
possibility N. (f) **posibilidad**
post N. (m) **puesto de trabajo**
post office N. (m) **correo**
postal code N. (m) **código postal**
post-box N. (m) **buzón**
postcard N. (f) **postal**
poster N. (m) **cartel**
postman N. (m) **cartero**
posture N. (f) **postura**
post-war N. (f) **posguerra**
potato N. (f) **patata**
practical Adj. **práctico**
practice N. (f) **consulta**
V. **ejercer**
V. **practicar**

prawn N. (f) **gamba**
pray V. **rezar**
precarious Adj. **precario**
precaution N. (f) **precaución**
precede V. **preceder**
precept N. (m) **precepto**
precisely Adv. **precisamente**
predecessors N. (m) **antepasados**
predict V. **predecir**
prediction N. (f) **predicción**
prefer V. **preferir**
preference N. (f) **preferencia**
prefix N. (m) **prefijo**
pregnancy N. (m) **embarazo**
prejudice N. (m) **prejuicio**
premonitory Adj. **premonitorio**
preparation N. (m) **preparativo**
preparations N. (m) **preparativos**
prepare V. **preparar**
preposition N. (f) **preposición**
presence N. (f) **presencia**
present V. **presentar**
N. (m) **regalo**
present tense N. (m) **presente**
presentation N. (f) **conferencia**
preservation N. (f) **conservación**
preserve V. **conservar**
president N. (m/f) **presidente**
press N. (f) **prensa**
pressure N. (f) **tensión**
prestige N. (m) **prestigio**
pretend V. **pretender**
pretty Adj. **bonito**
previous Adj. **anterior**
price N. (m) **precio**
prick V. **pinchar**
pride N. (m) **orgullo**
priest N. (m) **cura**
prince N. (m) **príncipe**
print V. **imprimir**
printeers N. (f) **imprenta**
printer N. (f) **impresora**
printing house N. (f) **imprenta**
printing press N. (f) **imprenta**
prison N. (f) **prisión**
prisoner N. (m) **preso**
private Adj. **privado**
prize N. (m) **premio**
prize-giving Phr. **entrega de premios**
pro forma invoice N. (m) **presupuesto**
probability N. (f) **probabilidad**
problem N. (m) **problema**
process N. (m) **proceso**
V. **tramitar**
procession N. (f) **cabalgata**
proclaim V. **proclamar**
produce V. **producir**
product N. (m) **producto**
production N. (f) **fabricación**
profession N. (f) **profesión**
professional Adj. **profesional**
professor N. (m) **profesor**
program N. (f) **programa**
prohibit V. **prohibir**
prohibition N. (f) **ley seca**
N. (f) **prohibición**
project V. **proyectar**
N. (m) **proyecto**
projector N. (m) **proyector**
prolonged Adj. **prolongado**

promise N. (f) **promesa**
V. **prometer**
promising Adj. **prometedor**
promotion N. (f) **promoción**
pronounce V. **pronunciar**
pronunciation N. (f) **pronunciación**
proof N. (f) **prueba**
proof of love N. (f) **prueba de amor**
property N. (f) **propiedad**
proportion N. (f) **proporción**
proposal N. (f) **propuesta**
protagonist N. (m/f) **protagonista**
protect V. **proteger**
protection N. (f) **protección**
proud Adj. **orgulloso**
provided Adj. **provisto**
province N. (f) **provincia**
provoke V. **provocar**
psychologist N. (m) **psicólogo**
Psychology N. (f) **Psícología**
public Adj. **público**
public relations N. (m/f) **relaciones públicas**
publication N. (f) **publicación**
publicity N. (f) **publicidad**
publish V. **publicar**
pudding N. (m) **postre**
Puebla Abb. **PU**
pulse (vegetable group) N. (m) **legumbre**
pumpkin N. (f) **calabaza**
punch N. (m) **golpe**
N. (m) **puñetazo**
punctual Adj. **puntual**
punctuate V. **puntuar**
puncture V. **pinchar**
punishment N. (m) **castigo**
pupil N. (m) **alumno**
puppet N. (f) **muñeca**
purchase N. (f) **compra**
pure Adj. **castizo**
purgatory N. (m) **purgatorio**
purity N. (f) **pureza**
pursue V. **perseguir**
push N. (m) **empujón**
put V. **echar**
V. **poner**
put an end to V phr. **poner fin a**
put away V. **guardar**
put in V. **meter**
put in groups V. **agrupar**
put off V. **aplazar**
put on weight V. **engrosar**
put one's make up on V ref. **maquillarse**
put one's mind to V phr. **ponerse a**
put to bed V. **acostar**
put up with V. **soportar**
pyramid N. (f) **pirámide**
Pyrenees Prop. **Pirineo**

Q - q

quackery N. (m) **intrusismo**
quadrangular Adj. **cuadrangular**
qualified Adj. **cualificado**
Adj. **titulado**
qualify V. **calificar**
quality N. (m) **atributo**
N. (f) **calidad**
N. (f) **cualidad**
quarter N. (m) **barrio**
N. (m) **cuarto**
quay or key (small island) N. (m) **cayo**
queen N. (f) **reina**
Querétaro Abb. **QE**
question N. (f) **cuestión**
N. (f) **pregunta**
questionnaire N. (m) **cuestionario**
queue N. (f) **cola**
N. (f) **fila**
quickly Adv. **aprisa**
quiet Adj. **callado**
Adj. **quieto**
Adj. **tranquilo**
Quintana Roo Abb. **QR**
quite a bit Adj. **bastante**

R - r

radio N. (f) **radio**
radio station N. (f) **emisora**
N. (f) **emisora de radio**
rafter N. (f) **viga**
railway line N. (f) **vía**
rain V. **llover**
N. (f) **lluvia**
raise V. **levantar**
raise (a question) V. **plantear**
raise one's glass V. **brindar**
ranch N. (m) **rancho**
range N. (m) **ámbito**
rarely Adv. **pocas veces**
rat N. (f) **rata**
ratatouille N. (m) **pisto**
rate V. **calificar**
N. (m) **índice**
rational Adj. **racional**
raw Adj. **crudo**
reach N. (m) **alcance**
V. **alcanzar**
react V. **reaccionar**
reaction N. (f) **reacción**
read V. **leer**
reading N. (f) **lectura**
reading group N. (f) **tertulia**
readjust V. **reajustar**
reality N. (f) **realidad**
realize V ref. **darse cuenta**

reason N. (f) **causa**
N. (m) **motivo**
V. **razonar**
N. (f) **razón**

reasonable Adj. **razonable**

reasoning N. (m) **razonamiento**

receipt N. (m) **ticket de compra**

receive V. **recibir**

receiver N. (m) **destinatario**

recent Adj. **reciente**

recently Adv. **recientemente**
Adv. **últimamente**

reception N. (f) **acogida**
N. (f) **recepción**

recipe N. (f) **receta**

recommend V. **recomendar**

recommendation N. (f) **recomendación**

reconstruct V. **reconstruir**

reconstruction N. (f) **reconstrucción**

record N. (m) **disco**
V. **grabar**
N. (m) **parte**

record holder N. (m/f) **plusmarquista**

record player N. (m) **gramófono**

recording N. (f) **grabación**

recover V ref. **componerse**

recreational Adj. **lúdico**

rectify V. **rectificar**

recycling N. (m) **reciclaje**

red Adj. **rojo**

re-direct V. **reconducir**

re-do V. **rehacer**

reduce V. **reducir**

reduced Adj. **reducido**

reed N. (m) **junco**

reel N. (m) **rollo**

refer to V ref. **referirse**

referendum N. (m) **referéndum**

reflect V. **reflejar**

reflection N. (f) **reflexión**

reflexive verb N. (m) **verbo reflexivo**

reform N. (f) **reforma**

refrain from V ref. **abstenerse**

refrigerator N. (m) **frigorífico**

refuge N. (m) **refugio**

refusal N. (f) **negación**

refuse V. **negar**

regarding Phr. **en cuanto a**
Phr. **respecto a**

region N. (f) **región**

register V ref. **matricularse**
V ref. **registrarse**

registry office N. (m) **juzgado**

regret V ref. **lamentarse**
N. (m) **remordimiento**
V. **sentir**

regret something V ref. **arrepentirse**

regular V. **regular**

reinforce V. **reforzar**

reinstate N. (f) **reinstauración**

reject V. **denegar**
V. **rechazar**
V. **rehusar**
V. **tachar**

rejection N. (m) **rechazo**

relapsing Adj. **reincidente**

relate V. **relacionar**

relation N. (f) **relación**

relationship N. (m) **noviazgo**
N. (m) **trato**

relative N. (m/f) **pariente**

relative clause N. (f) **oración de relativo**
relax V. **descansar**
V. **relajar**
V ref. **relajarse**
Excl. **tranquilo**
relaxation N. (f) **relajación**
relaxed Adj. **relajado**
relaxing Adj. **relajante**
relentless Adj. **implacable**
relevant Adj. **relevante**
relieve V. **aliviar**
religion N. (f) **religión**
religious Adj. **religioso**
religious offence N. (f) **ofrenda sagrada**
relinquish V. **renunciar**
relocate V. **trasladar**
remain quiet V phr. **estar callado**
remedy N. (m) **cura**
N. (m) **remedio**
remember V ref. **acordarse**
V. **recordar**
remote control N. (m) **mando a distancia**
remove one's clothes V ref. **desnudarse**
removed (a tumor, etc.) Adj. **extirpado**
renewable Adj. **renovable**
renovate V. **renovar**
rent V. **alquilar**
repair V. **arreglar**
repeat V. **repetir**
repeatedly Adv. **repetidamente**
repetition N. (f) **repetición**
report N. (m) **parte**
reporter N. (m) **reportero**
represent V. **representar**
representative N. (m) **diputado**
N. (m/f) **representante**
N. (m) **representativo**
reproduction N. (f) **reproducción**
republic N. (f) **república**
repulsive Adj. **repulsivo**
request N. (f) **petición**
rescue V. **rescatar**
reservation N. (f) **reserva**
reserve V. **reservar**
reservoir N. (m) **embalse**
N. (m) **estanque**
residence N. (f) **residencia**
residual Adj. **residual**
resignation N. (f) **dimisión**
N. (f) **resignación**
resist V. **resistir**
resolve V. **resolver**
resource N. (m) **recurso**
respect V. **respetar**
N. (m) **respeto**
respective Adj. **respectivo**
responsibility N. (m) **cargo**
rest N. (m) **resto**
restaurant N. (m) **restaurante**
restore V. **restaurar**
restricted Adj. **restringido**
result N. (m) **resultado**
resume V. **resumir**
retire V ref. **jubilarse**
V ref. **retirarse**
retired Adj. **jubilado**
retirement N. (f) **jubilación**
re-train V ref. **reciclarse (trabajo)**

return V. **devolver**
N. (m) **regreso**
N. (m) **retorno**
return trip Phr. **ida y vuelta**
returnable Adj. **retornable**
reusable Adj. **retornable**
revalue V. **revalorizar**
reveal V. **comunicar**
revelation N. (f) **revelación**
revelry N. (f) **juerga**
reverence N. (f) **reverencia**
reverse N. (m) **reverso**
revision N. (f) **revisión**
revolting Adj. **asqueroso**
revolutionary Adj. **revolucionario**
revolve V. **girar**
rhythm N. (m) **ritmo**
ribbon N. (m) **lazo**
rice N. (m) **arroz**
rich Adj. **rico**
riddle N. (f) **adivinanza**
ridge N. (f) **sierra**
ridiculous Adj. **ridículo**
right Adj. **derecha**
N. (m) **derecho**
Excl. **hala**
Adj. **justo**
right to vote N. (m) **derecho a voto**
ring N. (m) **anillo**
rise V. **ascender**
N. (m) **aumento**
risk N. (m) **riesgo**
rite N. (m) **rito**
ritual N. (m) **ritual**
rival N. (m) **contrario**
river N. (m) **río**
road N. (m) **camino**
N. (f) **carretera**
roasted Adj. **asado**
rob V. **asaltar**
V. **robar**
robbery N. (m) **robo**
robe N. (f) **túnica**
rock N. (f) **peña**
rococo N. (m) **rococó**
roger that Excl. **conforme**
roll N. (m) **rollo**
roll (bread) N. (m) **bollo**
roll over V. **arrollar**
Roman Adj. **romano**
romantic Adj. **romántico**
room N. (f) **habitación**
N. (f) **sala**
roomy Adj. **amplio**
rooster N. (m) **gallo**
root N. (f) **raíz**
rose N. (f) **rosa**
rotation N. (f) **rotación**
rough Adj. **brusco**
round off the night V phr. **rematar la noche**
round trip Phr. **ida y vuelta**
route N. (m) **camino**
N. (m) **recorrido**
N. (f) **ruta**
N. (m) **trayecto**
row N. (f) **fila**
royal family N. (f) **familia real**
rub V. **frotar**
rubber N. (m) **borrador**
rubber band N. (f) **goma**
rubbish N. (f) **basura**
rubbish bin N. (m) **contenedor**

rude Adj. **brusco**
Adj. **descortés**
Adj. **maleducado**
ruin N. (m) **estrago**
N. (f) **perdición**
rule N. (f) **norma**
N. (f) **regla**
rum N. (m) **ron**
Rumanian N. (m) **rumano**
run V. **correr**
run an idea by someone V. **idear**
run away from V. **huir**
run over V. **arrollar**
Russian Adj. **ruso**

S - s

sacred Adj. **sagrado**
sad Adj. **triste**
sadness N. (f) **tristeza**
safari N. (m) **safari**
sail V. **navegar**
sailing club N. (m) **club náutico**
salad N. (f) **ensalada**
salary N. (m) **salario**
sales N. (f) **rebajas**
N. (f) **ventas**
salmon N. (m) **salmón**
salt N. (f) **sal**
same Adj. **mismo**
same as Adj. **igual**
San Luis Potosí Abb. **SL**
sandals N. (f) **sandalias**
sandwich N. (m) **bocadillo**
sangria N. (f) **sangría**
Santiago de Chile Abb. **Stgo.**
sappy Adj. **cursi**
sardine N. (f) **sardina**
satchel N. (f) **cartera**
satisfaction N. (f) **satisfacción**
satisfactory Adj. **satisfactorio**
satisfy V. **satisfacer**
Saturday N. (m) **sábado**
sauna N. (f) **sauna**
save V. **ahorrar**
V. **guardar**
V. **salvar**
saving N. (m) **ahorro**
saw V. **serrar**
N. (f) **sierra**
say V. **decir**
say good-bye V ref. **despedirse**
saying N. (m) **refrán**
scandal N. (f) **polémica**
scarcely Adv. **apenas**
scarf N. (f) **bufanda**
scat Excl. **za**
scene N. (f) **escena**
sceptic Adj. **escéptico**
sceptisism N. (m) **escepticismo**
schedule N. (m) **horario**
scheme N. (m) **cuadro**
N. (m) **esquema**
school N. (m) **centro educativo**
N. (m) **colegio**
Adj. **escolar**
N. (f) **escuela**

science fiction N. (f) **ciencia ficción**
scientific N. (m) **científico**
scissors N. (f) **tijeras**
scold V. **regañar**
scooter N. (m) **patinete**
scope N. (m) **ámbito**
scream V. **gritar**
N. (m) **grito**
screen N. (f) **pantalla**
screwdriver N. (m) **tornillo**
scribble on V. **emborronar**
scuba-diving N. (m) **submarinismo**
sea N. (m/f) **mar**
seafood N. (m) **marisco**
search V. **buscar**
season N. (f) **estación**
N. (f) **temporada**
season ticket N. (m) **abono**
seat N. (m) **asiento**
seat (e.g. cinema) N. (f) **butaca**
second Adj. **segundo**
secretary N. (f) **secretaria**
sect N. (f) **secta**
section N. (m) **apartado**
sector N. (m) **sector**
secure Adj. **seguro**
sedative N. (m) **calmante**
seduce V. **seducir**
see V. **ver**
see you around Phr. **hasta la vista**
see you later Excl. **hasta luego**
Excl. **nos vemos**
see you soon Excl. **hasta pronto**
seed N. (f) **semilla**
seem V. **parecer**
select V. **seleccionar**
self-esteem N. (f) **autoestima**
self-evaluation N. (f) **autoevaluación**
selfish Adj. **egoísta**
sell V. **despachar**
semester N. (m) **semestre**.
semi-colon N. (m) **punto y coma**
send V. **enviar**
V. **mandar**
sender N. (m) **remitente**
sending N. (m) **envío**
sensation N. (f) **sensación**
sense N. (f) **acepción**
N. (m) **sentido**
sensible Adj. **sensato**
sentence N. (f) **frase**
sentimental Adj. **sentimental**
separate V. **separar**
separate (from someone) V ref. **separarse**
separately Phr. **por separado**
separation N. (f) **separación**
September N. (m) **septiembre**
sequence N. (f) **secuencia**
series N. (f) **serie**
serious Adj. **grave**
Adj. **serio**
seriousness N. (f) **seriedad**
N. (f) **solemnidad**
serve V. **despachar**
V. **servir**
session N. (f) **sesión**
set N. (m) **conjunto**
set sail V. **zarpar**
set the table V phr. **poner la mesa**

set up V. **montar**
set-back N. (m) **contratiempo**
seven Num. **siete**
seventeen Num. **diecisiete**
seventy Num. **setenta**
several times Phr. **varias veces**
sex N. (m) **sexo**
shadow N. (f) **sombra**
shake V. **agitar**
shame N. (m) **pudor**
N. (f) **vergüenza**
shampoo N. (m) **champú**
share V. **compartir**
V. **repartir**
shave V ref. **afeitarse**
shaving cream N. (f) **espuma de afeitar**
shaving foam N. (f) **espuma de afeitar**
sheet N. (f) **hoja**
N. (m) **papel**
N. (f) **sábana**
shelf N. (f) **estantería**
shepherd N. (m) **pastor**
shh Excl. **chito**
shift N. (m) **turno**
shine V. **brillar**
ship N. (m) **buque**
N. (m) **navío**
shirt N. (f) **camisa**
shit Excl. **leche**
Excl. **porras**
shock N. (m) **shock**
N. (m) **susto**
shoe N. (m) **zapato**
shoemaker N. (m) **zapatero**
shoot V. **disparar**
Excl. **miércoles**
shoot (plant) N. (m) **brote**
shooting N. (m) **fusilamiento**
shooting (movie) N. (m) **rodaje**
shop N. (f) **tienda**
shop assistant N. (m) **dependiente**
shop window N. (m) **escaparate**
shopping-list N. (f) **lista de la compra**
short Adj. **breve**
Adj. **corto**
shot N. (f) **inyección**
N. (m) **lanzamiento**
shotgun N. (f) **escopeta**
should V. **deber**
shoulder N. (m) **hombro**
shout N. (m) **grito**
shove N. (m) **empujón**
show V. **enseñar**
N. (m) **espectáculo**
V. **exponer**
V. **indicar**
V. **manifestar**
show off V. **presumir**
shower N. (f) **ducha**
shrimp N. (f) **gamba**
shudder N. (m) **temblor**
shut V. **cerrar**
shut up V ref. **callarse**
Excl. **cállate**
shy Adj. **tímido**
siblings Abb. **hnos.**
sick Adj. **enfermo**
sick with a cold Adj. **resfriado**
sickness N. (f) **enfermedad**
side street N. (f) **bocacalle**
siesta V phr. **echarse la siesta**
N. (f) **siesta**

sigh N. (m) **suspiro**
sign V. **firmar**
N. (m) **letrero**
N. (f) **señal**
N. (m) **signo**
sign up for V ref. **apuntarse**
signature N. (f) **firma**
significant Adj. **significativo**
signify V. **significar**
silence Excl. **chito**
N. (m) **silencio**
silent Adj. **callado**
Adj. **silencioso**
silk N. (f) **seda**
silly Adj. **bobo**
silver N. (f) **plata**
simian N. (m) **simio**
similar N. (m) **parecido**
Adj. **similar**
similarly Adv. **igualmente**
simple Adj. **sencillo**
simultaneously Adv. **simultáneo**
Sinaloa Abb. **SI**
sincere Adj. **sincero**
sincerely Adv. **atentamente**
sing V. **cantar**
singer-songwriter N. (m) **cantautor**
singing N. (m) **canto**
single N. (m) **soltero**
singular Adj. **singular**
sinking N. (m) **hundimiento**
Sir N. (m) **caballero**
sister N. (f) **hermana**
sit down V ref. **sentarse**
situation N. (f) **situación**
six Num. **seis**
sixteen Num. **dieciséis**
sixty Num. **sesenta**
size N. (f) **talla**
N. (m) **tamaño**
sketch V. **trazar**
ski V. **esquiar**
skiing N. (m) **esquí**
skill N. (f) **cualidad**
skin N. (f) **piel**
skin (face) N. (m) **cutis**
skirt N. (f) **falda**
sky N. (m) **cielo**
skyscraper N. (m) **rascacielos**
slang N. (f) **jerga**
N. (m) **lenguaje**
slave N. (m) **esclavo**
slave-trader N. (m) **tratante de esclavos**
sleep V. **dormir**
N. (m) **sueño**
sleeping bag N. (m) **saco de dormir**
Sleeping Beauty Prop. **Belladurmiente**
sleeping car N. (m) **coche cama**
sleep-walker N. (m) **noctámbulo**
N. (m) **sonámbulo**
sleeve N. (f) **manga**
slight Adj. **leve**
slim Adj. **delgado**
slogan N. (m) **lema**
slope N. (f) **pista**
slot N. (f) **ranura**
Slovakian Adj. **eslovaca**
slow Adj. **lento**
slower Phr. **más despacio**
slowly Adv. **despacio**
small bar N. (f) **tasca**
small village N. (f) **aldea**

small/little Adj. **pequeño**
smell V. **oler**
N. (m) **olor**
smile V. **sonreir**
smoke V. **fumar**
N. (m) **humo**
smoker N. (m) **fumador**
smooth Adj. **liso**
Adj. **terso**
smudge V. **emborronar**
snack N. (m) **almuerzo**
N. (m) **pinchito**
N. (f) **tapa**
snail N. (m) **caracol**
snake N. (f) **serpiente**
sneeze V. **estornudar**
N. (m) **estornudo**
snob N. (m/f) **esnob**
snow V. **nevar**
N. (f) **nieve**
Snow White Prop. **Blancanieves**
so Adv. **asimismo**
Phr. **así que**
Excl. **ea**
Adv. **entonces**
Phr. **por lo tanto**
Phr. **por tanto**
Conj. **pues**
Adv. **tan**
so many Adv. **tantos**
so much Adv. **tanto**
so so Excl. **ni fu ni fa**
soak V phr. **poner en remojo**
soaked Adj. **empapado**
soap N. (m) **jabón**
soap opera N. (f) **telenovela**
sob N. (m) **sollozo**
soccer N. (m) **fútbol**
soccer player N. (m/f) **futbolista**
sociable Adj. **sociable**
social circle N. (m) **entorno social**
socialist Adj. **socialista**
society N. (f) **sociedad**
socio-cultural Adj. **sociocultural**
sock N. (m) **calcetín**
sofa N. (m) **sofá**
soft Adj. **blando**
Adj. **suave**
soft drink N. (m) **refresco**
solar energy N. (f) **energía solar**
soldier N. (m) **soldado**
sole of the foot N. (f) **planta del pie**
solemn Adj. **solemne**
solemnity N. (f) **solemnidad**
solid Adj. **macizo**
solitude N. (f) **soledad**
solo Adj. **solitario**
solution N. (f) **solución**
someone Pro. **alguien**
something Pro. **algo**
sometimes Adv. **algunas veces**
Adv. **a veces**
son N. (m) **hijo**
song N. (f) **canción**
N. (m) **canto**
son-in-law N. (m) **yerno**
Sonora Abb. **SO**
soon Adv. **pronto**
soon after Adv. **al poco tiempo**
sorcerer N. (m) **hechicero**
sorry Excl. **lo siento**
Excl. **perdón**
sort N. (m) **género**
sort out V. **solucionar**

souk N. (m) **zoco**
soul N. (f) **alma**
sound V. **sonar**
N. (m) **sonido**
soup N. (f) **sopa**
South N. (m) **sur**
South Africa Prop. **Sudáfrica**
South American Adj. **sudamericano**
spa N. (m) **balneario**
space N. (f) **amplitud**
N. (m) **espacio**
space-bar (on a keyboard) N. (m) **espaciador**
spacious Adj. **amplio**
spade N. (f) **espada**
Spain Prop. **España**
Spaniard N. (m) **español**
Spanish N. (m) **español**
Spanish speaking Adj. **de habla hispana**
Spanish style Adj. **a la española**
Spanish teacher N. (f) **profesora de español**
sparkling Adj. **efervescente**
speak V. **hablar**
speak on familiar terms V. **tutear**
speaker N. (m) **altavoz**
N. (m/f) **hablante**
N. (m) **interlocutor**
special Adj. **especial**
specialist N. (m/f) **especialista**
specialization N. (f) **especialización**
species N. (f) **especie**
specific Adj. **determinado**
specify V. **especificar**
speck N. (f) **mota**
speech N. (m) **discurso**
speed N. (f) **rapidez**
spell V. **deletrear**
spend V. **gastar**
spendthrift Adj. **derrochador**
spin V. **girar**
spinach N. (f) **espinaca**
spinning top N. (f) **peonza**
spirit N. (m) **espíritu**
spirituality N. (f) **espiritualidad**
splashed Adj. **salpicado**
splinter N. (f) **astilla**
spoil (someone) V. **mimar**
spoiled Adj. **caprichoso**
spokesman N. (m/f) **portavoz**
spokeswoman N. (m/f) **portavoz**
sponge N. (f) **esponja**
spoonful N. (f) **cucharada**
sport N. (m) **deporte**
sportsman/sportswoman N. (m/f) **deportista**
sporty Adj. **deportivo**
spot N. (m) **anuncio de publicidad**
N. (m) **grano**
N. (f) **mota**
spree N. (f) **parranda**
spring N. (f) **fuente**
N. (f) **primavera**
spy V. **espiar**
square N. (f) **plaza**
squash N. (f) **calabaza**
squid N. (m) **calamar**
St. (Saint Abb. **S.**
Abb. **S.**
stab V. **apuñalar**
V. **clavar**

stadium N. (m) **estadio**
stage N. (f) **etapa**
stage setting N. (m) **decorado**
stain N. (f) **mancha**
V. **manchar**
stairs N. (f) **escalera**
stamp N. (m) **sello**
stand out V ref. **diferenciarse**
stanza N. (f) **estrofa**
star N. (f) **estrella**
start V. **arrancar**
V. **comenzar**
V. **iniciar**
N. (m) **inicio**
V phr. **ponerse a**
state N. (m) **estado**
state of mind N. (m) **ánimo**
state school N. (f) **escuela pública**
state worker N. (m) **funcionario**
station N. (f) **estación**
stationers N. (f) **papelería**
stay V ref. **alojarse**
N. (f) **estancia**
V. **permanecer**
V ref. **quedarse**
steam boat N. (m) **barco de vapor**
stencil N. (f) **plantilla**
step N. (m) **estribo**
N. (m) **paso**
V. **pisar**
stereotype N. (m) **estereotipo**
N. (m) **tópico**
stew N. (m) **cocido**
stick N. (m) **bastón**
N. (m) **palo**
V. **pegar**
sticker N. (f) **etiqueta**
still Adv. **todavía**
stingy Adj. **agarrado**
stirrup N. (m) **estribo**
Stockholm Prop. **Estocolmo**
stomach N. (m) **estómago**
N. (f) **tripa**
stone N. (f) **piedra**
stool N. (m) **caballete**
stop Excl. **alto**
V. **cesar**
Excl. **jo**
N. (f) **parada**
V. **parar**
stop talking V ref. **callarse**
stopped Adj. **quieto**
store N. (m) **almacén**
V. **guardar**
storm N. (f) **tormenta**
story N. (m) **cuento**
N. (f) **historia**
N. (m) **relato**
story-teller N. (m) **cuentacuentos**
straight on Phr. **todo recto**
strange Adj. **curioso**
Adj. **extraño**
Adj. **peculiar**
Adj. **raro**
strangeness N. (f) **extrañeza**
strawberry N. (f) **fresa**
street N. (f) **calle**
strengthen V. **fortalecer**
stress N. (m) **agobio**
stressed Adj. **estresado**
Adj. **liado**
stressful Adj. **estresante**
stretch V. **estirar**
stretcher N. (f) **camilla**
strict Adj. **estricto**
strike N. (f) **huelga**

striker N. (m) **marcagoles**
striking Adj. **impactante**
string N. (f) **cuerda**
strong Adj. **cachas**
Adj. **fuerte**
structure N. (f) **estructura**
stubborn Adj. **terco**
student N. (m/f) **estudiante**
studies N. (f) **carrera**
N. (m) **estudios**
studio N. (m) **estudio**
study V. **cursar**
V. **estudiar**
stuffed Adj. **relleno**
stuffed up Adj. **constipado**
stuffy Adj. **constipado**
stupendous Adj. **estupendo**
stupid Adj. **bobo**
Adj. **imbécil**
Adj. **tonto**
stupid thing N. (f) **tontería**
stupor N. (m) **estupor**
style N. (m) **estilo**
subject N. (f) **asignatura**
N. (f) **materia**
suburb N. (m) **barrio**
success N. (m) **éxito**
successive Adj. **sucesivo**
successively Adv. **sucesivamente**
such Adj. **tal**
sudden Adj. **inmediato**
Adj. **repentino**
suddenly Adv. **de repente**
suffer V ref. **resentirse**
V. **sufrir**
sugar N. (m) **azúcar**
sugar cane N. (m) **azúcar de caña**
sugared almond N. (f) **peladilla**
suggest V. **plantear**
V. **sugerir**
suggestion N. (f) **sugerencia**
suit V. **convenir**
N. (m) **traje**
suitcase N. (f) **maleta**
sum up Phr. **en definitiva**
Phr. **en resumen**
summary N. (m) **resumen**
summer N. (m) **verano**
sums N. (f) **cuentas**
sun N. (m) **sol**
sunbath N. (m) **baño de sol**
sunbathe V phr. **tomar el sol**
Sunday N. (m) **domingo**
sunglasses N. (f) **gafas de sol**
sunlight N. (f) **luz solar**
sunny Adj. **soleado**
superior Adj. **superior**
superiority N. (f) **superioridad**
superlative N. (m) **superlativo**
supermarket N. (m) **supermercado**
super-natural Adj. **sobrenatural**
superstition N. (f) **superstición**
support N. (m) **apoyo**
supportive Adj. **solidario**
suppose V. **suponer**
supposition N. (f) **suposición**
suppository N. (m) **supositorio**
sure Phr. **por supuesto**
surf (the internet) V. **navegar**
surgeon N. (m) **cirujano**
surgery N. (m) **consultorio**

surname N. (m) **apellido**
surpass V. **superar**
surprise N. (f) **sorpresa**
surroundings N. (f) **afueras**
N. (m) **entorno**
survey N. (f) **encuesta**
survival N. (f) **supervivencia**
swear V. **jurar**
swearing in N. (f) **investidura**
sweat V. **sudar**
sweater N. (m) **jersey**
Sweden N. (f) **Suecia**
Swedish Adj. **sueco**
sweep V. **barrer**
sweet N. (m) **bombón**
N. (m) **caramelo**
N. (m) **dulce**
N. (f) **golosina**
swim V. **nadar**
swimming N. (f) **natación**
swimming-pool N. (f) **piscina**
switch N. (m) **interruptor**
switch off V. **apagar**
switch on V. **encender**
Switzerland Prop. **Suiza**
sworn jury N. (m) **jurado**
symbol N. (m) **símbolo**
sympathy Excl. **pucha**
symptom N. (m) **síntoma**
synchronicity N. (f) **simultaneidad**
synchronize V. **sincronizar**
synonym N. (m) **sinónimo**
syringe N. (f) **jeringuilla**
syrup N. (m) **jarabe**
system N. (m) **sistema**

T - t

Tabasco Abb. **TB**
table N. (f) **mesa**
N. (f) **tabla**
table bracket N. (m) **caballete**
tablet N. (f) **pastilla**
tacky Adj. **cursi**
tails (coin) N. (f) **cruz (moneda)**
take V. **coger**
V. **llevar**
V. **tomar**
take a look at V phr. **echar un vistazo**
take a test V ref. **examinarse**
take advantage of V. **aprovechar**
take an examination V ref. **examinarse**
take away V. **quitar**
take care V phr. **tener cuidado**
take care of something V ref. **ocuparse**
take inconsideration V phr. **tener en cuenta**
take note Excl. **ojo**
take notes V phr. **tomar notas**
take off one's shoes V. **descalzar**
take on V. **asumir**
take out V. **retirar**
take refuge V ref. **acogerse**

take responsibility for V ref. **encargarse**
take root V ref. **arraigarse**
take the phone off the hook V. **descolgar**
tale N. (m) **relato**
talkative Adj. **hablador**
Tamaulipas Abb. **TA**
también Abb. **tb**
tan oneself V ref. **broncearse**
tango N. (m) **tango**
tanned Adj. **bronceado**
tapa N. (m) **pinchito**
tape N. (f) **cinta**
V. **grabar**
tape-recorder N. (m) **radiocasete**
tapestry N. (m) **tapiz**
tarantula N. (f) **tarántula**
tariff N. (f) **tarifa**
task N. (f) **tarea**
taste V. **degustar**
N. (m) **sabor**
tasty Adj. **sabroso**
tavern N. (f) **taberna**
tax N. (m) **impuesto**
tax collector N. (m) **recaudador de impuestos**
taxi N. (m) **taxi**
taxi driver N. (m/f) **taxista**
tea N. (m) **té**
teach V. **enseñar**
V. **impartir**
teacher N. (m) **maestro**
N. (m) **profesor**
teaching N. (f) **enseñanza**
team N. (m) **equipo**
tear N. (f) **lágrima**
teaspoons Abb. **cs**
technique N. (f) **técnica**
telephone N. (m) **teléfono**
television N. (f) **televisión**
N. (m) **televisor**
tell off V. **regañar**
temperature N. (f) **temperatura**
temporary Adj. **temporal**
ten Num. **diez**
tender Adj. **tierno**
tennis N. (m) **tenis**
tension N. (f) **tensión**
tent N. (f) **carpa**
N. (f) **tienda de campaña**
terrace N. (f) **terraza**
terrible Adj. **infernal**
Adj. **terrible**
territory N. (m) **territorio**
terror N. (m) **terror**
terrorist attack N. (m) **atentado terrorista**
text N. (f) **letras**
N. (m) **texto**
thank V. **agradecer**
thank someone V phr. **dar las gracias**
thank you Excl. **gracias**
Excl. **gracias**
thank you very much Excl. **muchas gracias**
thank you very very much Excl. **muchísimas gracias**
thankfulness N. (f) **gratitud**
thanks N. (m) **agradecimiento**
that Adj. **aquel**
that is why Phr. **por esta razón**
that's it Excl. **punto**

that's what I meant Excl. **por eso**
the day after tomorrow Phr. **pasado mañana**
the day before yesterday Adv. **anteayer**
the majority (of) Adv. **mayoritariamente**
the night before last Adv. **anteanoche**
the oldest N. (m) **mayor**
the others N. (m) **los demás**
the pick up N. (f) **recogida**
the same Phr. **lo mismo**
the same to you Excl. **igualmente**
the sun is shining V phr. **hace sol**
theatre N. (m) **teatro**
theatre curtain N. (m) **telón**
theme N. (m) **tema**
then Adv. **entonces**
therapy N. (f) **terapia**
there's a breeze V phr. **hace aire**
therefore Phr. **por lo tanto**
Phr. **por tanto**
thermostat N. (m) **termostato**
thesis N. (f) **tesis**
thick Adj. **grueso**
thicken V. **engrosar**
thicket N. (m) **matorral**
thief N. (m) **ladrón**
thigh N. (m) **muslo**
thin Adj. **delgado**
thing N. (f) **cosa**
think V. **creer**
V. **opinar**
V. **pensar**
think hard V phr. **hacer memoria**
think nothing of it Excl. **de nada**
think over V. **reflexionar**
third Adj. **tercero**
thirst N. (f) **sed**
thirteen Num. **trece**
thirty Num. **treinta**
thoughtful Adj. **pensativo**
thousand Adj. **mil**
thrashing N. (f) **paliza**
threaten V. **amenazar**
three Num. **tres**
Three Kings Prop. **Reyes Magos**
throat N. (f) **garganta**
throne N. (m) **trono**
through Prp. **a través de**
throw N. (m) **lanzamiento**
V. **tirar**
throw away V. **desechar**
throw oneself V ref. **arrojarse**
thunder N. (m) **trueno**
Thursday N. (m) **jueves**
thus Adv. **asimismo**
tick tock Excl. **tictac**
ticket N. (m) **billete**
N. (f) **entrada**
ticket inspector N. (m) **revisor**
ticket office N. (f) **taquilla**
ticket window N. (f) **ventanilla**
tie N. (f) **corbata**
tight schedule N. (f) **agenda apretada**
tighten V. **apretar**

tight-fisted Adj. **agarrado**
Adj. **tacaño**
time N. (f) **hora**
N. (m) **tiempo**
N. (f) **vez**
time table N. (m) **horario**
timetable N. (f) **franja**
tin N. (m) **estaño**
N. (f) **lata**
tiny Adj. **diminuto**
tip N. (f) **propina**
tired Adj. **cansado**
tiring Adj. **cansado**
tissue N. (m) **tejido**
title N. (m) **titular**
Tlaxcala Abb. **TL**
to charge V. **cargar**
toast V. **brindar**
N. (m) **pan tostado**
N. (f) **tostada**
tobacco N. (m) **tabaco**
tobacco-shop N. (m) **estanco**
today Adv. **en la actualidad**
Adv. **hoy**
together Adj. **juntos**
toilet N. (m) **inodoro**
N. (m) **servicios**
toilet paper N. (m) **papel higiénico**
toiletry bag N. (f) **bolsa de aseo**
token N. (f) **ficha**
tolerant Adj. **tolerante**
tomato N. (m) **tomate**
tomorrow N. (f) **mañana**
tone N. (f) **tonalidad**
N. (m) **tono**
tongue N. (f) **lengua**
too Adv. **también**
too much Adj. **demasiado**
tooth brush N. (m) **cepillo de dientes**
toothpick N. (m) **palillo**
torch N. (f) **linterna**
tortilla N. (f) **tortilla**
tortoise N. (f) **tortuga**
total write-off N. (m) **siniestro total**
totally Adv. **plenamente**
touch V. **tocar**
touched Adj. **emocionado**
tough luck Excl. **mala suerte**
tourism N. (m) **turismo**
towel N. (f) **toalla**
tower N. (f) **torre**
town hall N. (m) **ayuntamiento**
township N. (f) **aldea**
toy N. (m) **juguete**
track N. (m) **camino**
tradition N. (f) **tradición**
traditional Adj. **tradicional**
traditionalism N. (m) **convencionalism o**
traffic N. (m) **tráfico**
traffic jam N. (m) **atasco**
traffic light N. (m) **semáforos**
tragedy N. (f) **tragedia**
train V. **entrenar**
N. (m) **tren**
train station N. (f) **estación de tren**
tranquilizer N. (m) **calmante**
tranquillity N. (f) **tranquilidad**
transcription N. (f) **transcripción**
transform V. **transformar**

transit V phr. **hacer transbordo** N. (m) **tránsito**
transition N. (f) **transición**
translate V. **traducir**
translation N. (f) **traducción**
transmission N. (f) **transmisión**
transmit V. **transmitir**
transparent Adj. **transparente**
transplant V. **trasplantar**
transport N. (m) **transporte**
trap N. (f) **trampa**
trash can N. (m) **contenedor**
trashy television shows N. (f) **telebasura**
traumatism N. (m) **traumatismo**
travel V. **viajar**
travel agency N. (f) **agencia de viajes**
traveller N. (m) **viajero**
treat N. (m) **capricho** V. **tratar**
treatment N. (m) **tratamiento**
tree N. (m) **árbol**
tremor N. (m) **temblor**
trial N. (f) **prueba**
triangle N. (m) **triángulo**
tribute N. (m) **homenaje**
trick V. **engañar**
trimester N. (m) **trimestre**
trip V. **tropezar** N. (m) **viaje**
triumph V. **triunfar** N. (m) **triunfo**
trolley N. (m) **carro**
trophy N. (m) **trofeo**
tropical Adj. **tropical**
trousers N. (m) **pantalones**
trout N. (f) **trucha**
truck N. (m) **camión**
true Adj. **cierto**
trust N. (f) **confianza**
truth N. (f) **verdad**
try V. **degustar** V. **intentar** V. **probar**
try one's luck V phr. **probar fortuna**
try to remember V phr. **hacer memoria**
t-shirt N. (f) **camiseta**
tsp Abb. **cs**
Tuesday N. (m) **martes**
tumor N. (m) **tumor**
tuna N. (m) **atún**
tunic N. (f) **túnica**
tuning N. (f) **sintonía**
Turkey N. (f) **Turquía**
Turkish Adj. **turco**
turn V. **girar**
turn sour V ref. **avinagrarse**
tutor N. (m) **tutor**
TV addict N. (m) **teleadicto**
TV España Abb. **TVE**
TV viewer N. (m) **telespectador**
tweezers N. (f) **pinza**
twelve Num. **doce**
twenty Num. **veinte**
twins N. (m) **gemelos**
two Adj. **dos** Num. **dos**
type N. (m) **género** V. **teclear**
type of government N. (f) **forma de gobierno**
typical Adj. **típico**

typical Mexican dish N. (m) **tacos**
typical restaurant N. (m) **mesón**
typical Spanish rice dish N. (f) **paella**
tyrant N. (m) **verdugo**

U - u

UFO Abb. **OVNI**
ugly Adj. **feo**
uh Excl. **este**
umbrella N. (m) **paraguas**
UN N. (f) **ONU**
unbearable Adj. **infernal**
unbelievable Excl. **barbaridad**
Adj. **inverosímil**
uncertainty N. (f) **incertidumbre**
uncle N. (m) **tío**
unclouded Adj. **despejado**
unconscious Adj. **inconsciente**
undecided Adj. **indeciso**
underground Adj. **subterráneo**
underlie V. **subyacer**
underline V. **subrayar**
underneath Prp. **debajo**
undershirt N. (f) **camiseta**
understand V. **comprender**
V. **entender**
understanding N. (f) **comprensión**
underwear N. (m) **calzoncillos**
N. (f) **ropa interior**
un-do V. **deshacer**
unemployment N. (m) **paro**
unfasten your seatbelt V phr. **desabrocharse el cinturón**
unforgettable Adj. **inolvidable**
unfortunate Adj. **desgraciado**
unfriendly Adj. **antipático**
ungrateful Adj. **ingrato**
union N. (m) **sindicato**
N. (f) **unión**
unique Adj. **único**
unit N. (f) **unidad**
United Kingdom Prop. **Reino Unido**
United States Prop. **Estados Unidos**
university N. (f) **universidad**
university student N. (m) **universitario**
unknown Adj. **desconocido**
unlikely Adj. **inverosímil**
unpleasant Adj. **desagradable**
Adj. **ingrato**
unsafe Adj. **inseguro**
unskilled Adj. **inexperto**
unstressed Adj. **átono**
untidy Adj. **desordenado**
until Prp. **hasta**
until now Phr. **hasta ahora**
until very late Phr. **hasta las tantas**
unusual Adj. **insólito**
up Excl. **aúpa**
up(stairs) Adv. **arriba**
upright Adj. **erguido**
uprising N. (m) **levantamiento**

upset Excl. **lechuga**
urgent Adj. **urgente**
Uruguay Prop. **Uruguay**
use V. **emplear**
V. **usar**
N. (m) **uso**
V. **utilizar**
Used in SMS for me Abb. **m**
Used in SMS for que and qué Abb. **q**
used to express disappointment or disdain Excl. **uh**
useful Adj. **útil**
user N. (m) **usuario**
using gestures Adj. **gestual**
usually V. **soler**
utensil N. (m) **utensilio**

V - v

vacuum cleaner N. (f) **aspiradora**
vain Adj. **engreído**
validity N. (f) **validez**
valley N. (m) **valle**
value V. **cifrar**
N. (m) **valor**
V. **valorar**
value-added tax Abb. **IVA**
varicose veins N. (f) **variz**
varied Adj. **variado**
variety N. (f) **variedad**
vary V. **variar**
VAT Abb. **IVA**
N. (m) **I.V.A.**
Vatican Prop. **Vaticano**
vegetable N. (f) **verdura**
vegetable grower N. (m) **hortelano**
vehicle N. (m) **vehículo**
velvet N. (m) **terciopelo**
Venezuela Prop. **Venezuela**
Venice Prop. **Venecia**
venom N. (m) **veneno**
Veracruz Abb. **VC**
verb N. (m) **verbo**
verge N. (f) **cuneta**
verify V. **constatar**
V. **verificar**
versatile Adj. **polivalente**
verse N. (f) **estrofa**
version N. (f) **versión**
very Adv. **muy**
very ill Adv. **de pena**
very long weekend N. (m) **viaducto**
very much Adj. **muchísimo**
very untidy Adj. **patas arriba**
vessel N. (m) **buque**
Veterinary Science Prop. **Veterinaria**
via Prp. **a través de**
victim N. (f) **victima**
victory N. (f) **victoria**
video N. (m) **video**
video camera N. (f) **cámara de video**
villa N. (m) **chalé**

village N. (m) **pueblo**
villain N. (m) **malvado**
vinegar N. (m) **vinagre**
violence N. (f) **violencia**
violent Adj. **violento**
violet Adj. **morado**
virginity N. (f) **virginidad**
virile Adj. **varonil**
virtual age N. (f) **era virtual**
visa N. (m) **visado**
vision N. (f) **visión**
visit N. (f) **visita**
V. **visitar**
vocabulary N. (m) **léxico**
vocal N. (m) **vocal**
voice N. (f) **voz**
volcano N. (m) **volcán**
volume N. (m) **volumen**
vomit N. (m) **vómito**
vote V. **votar**
N. (m) **voto**
voter N. (m) **elector**
voting N. (f) **votación**
voucher N. (m) **abono**
N. (m) **bono**
vowel N. (m) **vocal**
voyeur N. (m) **mirón**

W - w

wafer N. (m) **barquillo**
waist N. (f) **cintura**
wait V. **esperar**
waiter N. (m) **camarero**
waiting room N. (f) **sala de espera**
wake up V. **despertar**
wake up (oneself) V ref. **despertarse**
walk V. **andar**
N. (m) **paseo**
walking Adj. **andando**
Adj. **andante**
Adj. **a pie**
N. (m) **senderismo**
wall N. (m) **muro**
N. (f) **pared**
wall socket N. (m) **enchufe**
wallet N. (f) **cartera**
want V. **querer**
want do something V phr. **tener ganas**
war N. (f) **guerra**
wardrobe N. (m) **armario**
warehouse N. (m) **almacén**
warlike Adj. **bélico**
warm Adj. **cálido**
warn V. **advertir**
V. **avisar**
warning N. (f) **advertencia**
wash V. **lavar**
wash up V. **fregar**
wash-basin N. (m) **lavabo**
washing machine N. (f) **lavadora**
washroom N. (m) **servicios**
waste of time N. (f) **pérdida de tiempo**

waste paper basket N. (f) **papelera**
wasteful Adj. **derrochador**
watch V. **mirar**
N. (m) **reloj**
V. **vigilar**
watch out Excl. **ojo**
Excl. **ojo**
watch TV V phr. **ver la tele**
water N. (f) **agua**
V. **regar**
water park N. (m) **parque acuático**
watermelon N. (f) **sandía**
way N. (m) **camino**
N. (m) **estilo**
N. (f) **manera**
way of life N. (f) **forma de vida**
Way of St. James Prop. **Camino de Santiago**
weak Adj. **débil**
wealth N. (f) **riqueza**
weapon N. (f) **arma**
wear V. **llevar**
V. **lucir**
wedding N. (f) **boda**
N. (m) **casamiento**
N. (m) **enlace**
wedding list N. (f) **lista de boda**
Wednesday N. (m) **miércoles**
week N. (f) **semana**
weekend N. (m) **fin de semana**
weekly Adv. **semanal**
weigh V. **pesar**
weight N. (f) **pesa**
N. (m) **peso**
welcome (to a female) Excl. **bienvenida**
welcome (to a male) Excl. **bienvenido**
welcoming Adj. **hospitalario**
well Adv. **bien**
Phr. **desde luego**
Phr. **es que**
well done Excl. **bravo**
well known Adj. **conocido**
well... Excl. **bueno...**
West N. (m) **oeste**
western movie N. (f) **pelicula del Oeste**
what a pity Excl. **qué pena**
what a shame Excl. **qué lástima**
what's up Excl. **qué tal**
Excl. **qué te pasa, calabaza**
wheel N. (f) **rueda**
when Conj. **cuando**
where something gets repaired N. (m) **taller**
whereabouts N. (m) **paradero**
whiney N. (m/f) **quejica**
whip V. **azotar**
whirlwind N. (m) **remolino**
white Adj. **blanco**
white coffee N. (m) **café con leche**
whoa Excl. **híjole**
Excl. **jo**
whole N. (m) **conjunto**
Adj. **entero**
whooping cough N. (f) **tos ferina**
wicked person N. (m) **malvado**
wicked! (ie: great!) Excl. **de vicio**
wide Adj. **ancho**
widow N. (f) **viuda**
wife N. (f) **esposa**
N. (f) **mujer**

wig N. (f) **peluca**
wild Adj. **salvaje**
win earn V. **ganar**
wind N. (m) **viento**
window N. (f) **ventana**
window blind N. (f) **persiana**
wine N. (m) **vino**
winner N. (m) **ganador**
winter N. (m) **invierno**
wintry Adj. **invernal**
wish V. **desear**
N. (m) **deseo**
witch N. (f) **bruja**
with Prp. **con**
with advance notice N. (f) **antelación**
without Prp. **sin**
without stopping Phr. **sin parar**
witness V. **presenciar**
N. (m) **testigo**
woah Excl. **so**
wolf N. (m) **lobo**
woman N. (f) **mujer**
womanizer N. (m) **mujeriego**
wood N. (f) **madera**
woof Excl. **guau**
word N. (f) **palabra**
work V. **faenar**
V. **funcionar**
N. (f) **obra**
V. **trabajar**
N. (m) **trabajo**
work (slang) N. (m) **curro**
work as V. **ejercer de**
work out V phr. **hacer gimnasia**
worker N. (m) **obrero**
N. (m) **trabajador**
working world N. (m) **mundo laboral**
workman N. (m) **obrero**
workshop N. (m) **taller**
world N. (m) **mundo**
World Bank Abb. **BM**
world map N. (m) **mapamundi**
world war Prop. **Guerra Mundial**
worldwide Phr. **a escala mundial**
world-wide Adj. **mundial**
worry N. (f) **ansia**
N. (f) **inquietud**
N. (f) **perturbación**
N. (f) **preocupación**
worrying Adj. **angustioso**
worse Adj. **peor**
worthy Adj. **valioso**
wound N. (f) **herida**
wow Excl. **alá**
Excl. **guau**
Excl. **hala**
Excl. **híjole**
Excl. **órale**
Excl. **qué pasada**
wrap up V. **envolver**
wrinkle N. (f) **arruga**
wrist N. (f) **muñeca**
write V. **escribir**
V. **redactar**
write down V. **anotar**
writer N. (m) **escritor**
writing N. (f) **ortografía**
N. (f) **redacción**

X - x

xenophobic Adj. **xenófobo**

Y - y

yeah Excl. **sé**
year N. (m) **año**
yearning N. (m) **anhelo**
yellow Adj. **amarillo**
yes Excl. **órale**
Excl. **simón**
Excl. **sí**
yesterday Adv. **ayer**
yet Adv. **aún**
yield N. (m) **rendimiento**
yoga N. (m) **yoga**
yoghurt N. (m) **yogur**
you (pl.) Abb. **Uds.**
Abb. **Vds.**
you (singular Abb. **Ud.**
you don't care V phr. **no te importa**
you don't mind V phr. **no te importa**
you see Phr. **es que**
you're welcome Excl. **de nada**
young Adj. **joven**
young girl (slang) N. (f) **chata**
younger Adj. **menor**
youth N. (f) **juventud**
youth hostel N. (m) **albergue juvenil**
Yucatan Abb. **YC**

Z - z

Zacatecas Abb. **ZA**
zero N. (m) **cero**
Num. **cero**
zone N. (f) **zona**
zoo N. (m) **zoológico**
zucchini N. (m) **calabacín**

ABBREVIATIONS USED & PARTS OF SPEECH

Abbrev.		Term	Definition
Adj.	=	adjective	A word that modifies nouns and pronouns, primarily by describing a particular quality of the word they are modifying.
Abb.	=	abbreviation	A shortened form of a word or phrase.
Adv.	=	adverb	A word that functions as a modifier of verbs or clauses, and in some languages as a modifier of adjectives.
Conj.	=	conjunction	A word used to connect clauses or sentences or to coordinate words in the same clause.
Excl.	=	exclamation	A word, phrase, or sound that expresses a strong emotion, such as a sudden cry or an indication of urgency, surprise or pain
(f)	=	feminine	One of two noun genders in Spanish.

(m)	=	masculine	One of two noun genders in Spanish.
N.	=	noun	A word that can function as the main or only element of subjects of verbs, or of objects of verbs or prepositions.
Num.	=	number	An arithmetical value, expressed by a word, symbol, or figure, representing a particular quantity and used in counting and making calculations and for showing order in a series or for identification.
Phr.	=	phrase	A small group of words standing together as a conceptual unit, typically forming a component of a clause.
Prp.	=	preposition	Words that are used before nouns or pronouns to form phrases functioning as modifiers of verbs, nouns, or adjectives, and that typically express a spatial or temporal relationship.

Pro.	=	pronoun	Any member of a small class of words that are used as replacements or substitutes for nouns and noun phrases, and that have very general reference.
Prop.	=	proper noun	A proper noun is the name of a particular person, place, organization, or thing. Proper nouns begin with a capital letter
V ref.	=	reflexive verb	A reflexive verb is a transitive verb whose subject and object always refer to the same person or thing.
V.	=	verb	Any member of a class of words that function as the main elements of predicates that typically express action, state, or a relation between two things.
V phr.	=	verb phrase	A verb phrase is a syntactic unit composed of at least one verb and its dependents—objects, complements and other modifiers—but usually not including the subject.

ALSO AVAILABLE FROM MAYAGLOT

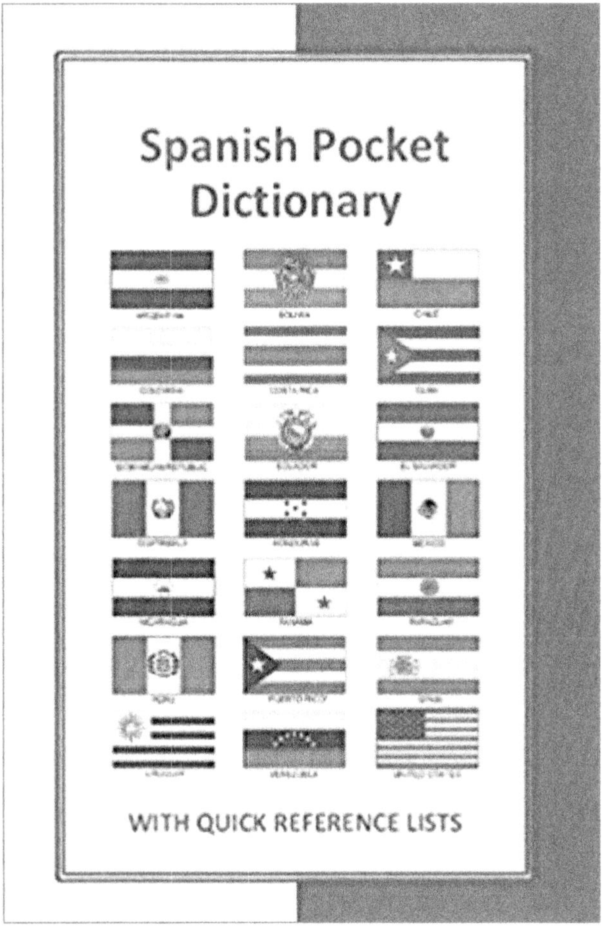

ISBN-10: 1695464443
ISBN-13: 978-1695464445

Printed in Great Britain
by Amazon

34165314R00129